父母的非暴力沟通话术

康英杰◎著

中国友谊出版公司

图书在版编目（CIP）数据

父母的非暴力沟通话术 / 康英杰著 . -- 北京：中国友谊出版公司，2022.4

ISBN 978-7-5057-5442-3

Ⅰ . ①父… Ⅱ . ①康… Ⅲ . ①家庭教育 Ⅳ . ① G78

中国版本图书馆 CIP 数据核字 (2022) 第 059770 号

书名	父母的非暴力沟通话术
作者	康英杰
出版	中国友谊出版公司
发行	中国友谊出版公司
经销	新华书店
印刷	天津中印联印务有限公司
规格	710×1000 毫米　16 开
	14 印张　186 千字
版次	2022 年 4 月第 1 版
印次	2022 年 4 月第 1 次印刷
书号	ISBN 978-7-5057-5442-3
定价	49.80 元
地址	北京市朝阳区西坝河南里 17 号楼
邮编	100028
电话	(010) 64678009

序　言

　　作为一个遵纪守法的公民，也许我们从未想过和"暴力"扯上关系，但不幸的是，我们其实一直生活在一种隐形的暴力之中；更不幸的是，我们还经常把这种暴力施加给自己的孩子却还不自知。

　　现在常有父母感叹，为什么和孩子交流这么难？为什么孩子总是这么抵触我们？为什么孩子什么都不跟我说？事情的真相，其实就藏在父母和孩子的相处中，藏在父母对孩子的教育中，藏在父母和孩子的沟通中。

　　各位父母都应该好好想一想：

　　你有没有因为孩子年龄小，而对他的想法不屑一顾？

　　有没有在孩子和你兴奋地说一件事时，你却朝他"泼冷水"？

　　有没有在孩子出状况、犯错时，你却对他一味地责备？

　　有没有经常把"为了你好"作为理由，强迫孩子做他不喜欢的事情？

　　有没有当你和丈夫吵架时，突然冲着孩子撒气？

　　我想，答案一定是：有！

　　语言上的忽视、指责、打击、嘲讽、强迫以及任意打断、拒不回应、随意评价等带给孩子精神和心理上的伤害，很多时候要比肉体上的伤害更大。

　　在教育孩子上，很多父母都是"唯动机论"者，认为只要出发点是好的，无论做出怎样的行为都是在爱孩子，都是为了孩子好。于是，他们会关心、会呵护、会柔声细语、会谆谆教导，但也会打骂、会羞辱、会大吼大叫、会冷漠相对……却不曾想，这样的方式早就对孩子造成了不可逆转的伤害，也让他们对父母紧紧关闭了心门。

很多孩子之所以什么都不愿意跟父母说，在父母面前假装坚强、报喜不报忧，就是因为曾经他们说了，但被否定、被忽视了。这样的经历让他们不相信父母能够和自己站在统一战线上，去共同对抗那些不好的事物。

当他们感到害怕向父母诉说时，当他们的欢喜被泼了冷水时，当他们有了委屈寻求安慰时，得到的却是不理解、不认同甚至是责怪。渐渐地，他们的潜意识就会形成固有认识：这样的事情我一旦告诉父母，必定会有比身体的伤害更加无法名状的伤害出现。

沟通不是一方的独角戏，而是双方的信息流动。父母总以为教育就是单方面的说教和引导，却没有意识到，教育的效果是由孩子的感受决定的。

只有爱孩子，并且让他感受到自己被爱着，他才会有足够的勇气去探索更大的世界，也才能最大限度地活出真正的自己，从而获得长久的幸福和快乐。

专制教育或许可以培养出成功的孩子，使之成为别人眼中的人生赢家，但却会让孩子形成蜷缩的生存姿态，在潜意识里否定自我独立的价值。为孩子规划人生，也许会让孩子少走弯路，但却会让孩子对父母产生恨意和疏离感，无法真正成长，真正获得快乐。

如果你希望孩子健康快乐，如果你希望孩子和你亲密有爱，如果你希望孩子有一个幸福人生，那就请用非暴力的方式和他沟通，表达对他的爱。

父母应当陪着孩子慢慢长大，而不是拽着孩子快快成长。每个孩子都有自己的成长轨迹，作为父母，我们所要做的就是尊重个体差异，然后一直用爱去浇灌，这样或早或晚，孩子都一定会开出独一无二的花。

目 录

CONTENTS

第一章

为什么父母的话会伤害到孩子

你那么爱孩子，他感受到的却是"自私""强迫" / 003

语言给孩子的伤害，常是暗伤 / 009

为什么家长不能跟孩子好好说话 / 015

把"我这都是为你好"变成"你觉得这样好不好？" / 021

孩子不是天生就和父母没话可说的 / 027

第二章

平等对话：蹲下来，目光平视着和孩子沟通

耐心倾听，让孩子感受到他被你尊重 / 035

教养孩子，严格好还是宽松好 / 041

孩子发脾气，你应该感到高兴才对 / 047

让孩子把心里的委屈说出来 / 053

平等沟通的技巧是假装自己是孩子 / 059

第三章 🖐

寻找话题：孩子都有表达欲，关键是让他愿意和你说

你知道孩子们都在聊什么吗 / 067

与孩子尬聊是因为你没有找好切入点 / 072

你比孩子懂得多，怎么可能找不到孩子愿意聊的 / 078

让孩子知道，跟爸妈聊天也很有趣 / 083

和孩子没有不可以聊的话题 / 088

第四章 🖐

有效对话1：那些建设性的对话怎样展开

你知道什么是建设性对话吗 / 095

父母怎样问问题，孩子才愿意回答 / 101

成为一个鼓舞孩子的高手 / 107

好的夸奖语言有三个作用 / 113

让孩子体会到你理解他的感受 / 118

第五章 🖐

有效对话2：怎样通过沟通话术让孩子"听话"

从情绪入手，找到解决问题的关键 / 127

建议：想办法让你的诉求和孩子的痛点碰在一起 / 132

说服：找到一个切入点，让孩子自己说服自己 / 138

批评：从孩子抵触到获得正反馈 / 145

道歉：向孩子承认错误并不会动摇你的权威 / 151

拒绝：把"不"说成"是"的技巧 / 157

第六章

控制好自己，做不吼不叫的父母

别把你的焦虑带到与孩子的对话当中 / 165

焦虑、烦躁的你怎样做才会不失控 / 170

面对焦虑的孩子，其实有更好的解决方法 / 175

第七章

这些你没有意识到的情况，可能也在伤害孩子

家庭吵架，孩子会觉得一切都是他的错 / 183

数落老公，孩子会觉得"爸爸好无能" / 190

过于自我，孩子会觉得"我是多余的那一个" / 196

你不注重形象，孩子会抬不起头来 / 203

请记住，父母的言传身教至关重要 / 210

第一章

为什么父母的话
会伤害到孩子

你那么爱孩子，他感受到的却是"自私""强迫"

不久前的一天，我到表姐家做客，刚好碰到她的一个朋友来找她诉苦。

原来，表姐的朋友和她刚上中学的女儿大吵了一架，孩子一气之下搬到了姥姥家，临走时还语气坚定地说，再也不想和这么自私刻板的妈妈生活在一起了。

表姐的朋友非常委屈，她哭着跟表姐说道："孩子啊，还是小时候好，长大了都是白眼狼，咱们为了他们掏心掏肺，为了他们什么都愿意去做，最后却换来这样的评价，你说我这都是图什么啊？！"

像表姐的朋友一样，现在很多家长都会感叹，自己为了孩子受苦受累，全心全意地为他们服务，到最后孩子却不领情。为什么我们明明那么爱孩子，到了孩子嘴里，却完全变了一番模样？

事实上，这很大程度上并不是孩子无情，而是因为父母的表达方式不够恰当。我们可以举一个简单的例子，假设一个场景：一位妈妈想让孩子在睡前喝一杯牛奶，但孩子并不是很情愿，这时妈妈该怎么说呢？

第一种说法：为什么今天不想喝了呢？（等孩子回答后）忘了我们的约定了吗？你要成为强壮、高大、不生病的小男子汉，而且不光是你要喝，爸爸、妈妈、爷爷、奶奶也都会喝的，这样才能更健康。

第二种说法：让你喝就快点喝，妈妈还能害你不成？

可以肯定，妈妈让孩子喝牛奶绝对是出于爱，但是语言不同，孩子的感受就会有很大差别。第一种表达，即使妈妈没有明确说出来，孩子也会觉得妈妈是为"我"好，喝了牛奶"我"能长高、变得更健康。而第二种说法，表达出来的意思就是你需要听话，这样孩子感受到的只会是强迫。

表姐的朋友就是常常用第二种说法来跟孩子沟通的妈妈，她虽然对孩子照顾得无微不至，但每次和孩子发生分歧时，她都会用强迫、命令的方式去解决，丝毫不顾孩子到底是怎么想的，是什么感受。

现实中很多家长都会把物质上的付出当作爱孩子的证据，但孩子感受最深刻的往往是心理层面、情感层面的理解和关怀。如此就会形成一种错位，父母认为自己为了孩子什么都愿意做，是无比爱孩子的，但孩子却完全感受不到，还会觉得父母一点都不爱自己，是自私的，是不可理喻的。

想要调整这样的错位，最简单有效的方式就是多了解孩子的内心，多站在孩子的角度看待问题，试着理解他们，给予他们积极的、正向的回应，而这一般就要通过言语沟通来实现。

和孩子产生分歧时，避免"一言堂"。

央视曾有个关于青春期的纪录片，有一期节目讲的是两个叛逆少年的故事，其中一个男孩叫作家明。当时家明16岁，刚初中毕业，然而他却决定不再上学了。

家明的父亲告诉记者，家明已经两星期没有去上学了，每天在家玩游戏，黑白颠倒，还常常自残。管教无果后，家明的父亲叫来了"改造学校"的三名教官把家明按住并带走。

家明真的是一个无法无天的坏孩子吗？在记者的采访下，他表露了自己的心声："我觉得，我爸妈的控制欲太强了，我这么做就是在故意反抗他们。"

家明哭着说："我16岁了，骑行骑得远一点都不让；我喜欢宠物，买回家就挨骂，最后还给丢出去；我的衣服、鞋子都是妈妈买，自己没一点发言权。这样的生活有什么意思？在他们的想法下活着，学习有什么用？"

面对家明的哭诉，家明的爸爸却依旧坚持他的想法：我觉得我们还是管得太少了，否则他不会成为今天这样。

事实上，看完这篇故事的人，都会觉得家明本质并不坏，相反他有很多优点，聪明、善良、机警、敢于冒险。可悲的是，家明的父母却看不到这些，更可悲的是，家明的故事并不是个例。

中国父母似乎都对"听话""乖"有着无以言表的执拗，他们评价孩子好坏、优秀与否的标准就是"孩子听不听话"：听话就是好孩子，长大后也会成为优秀的人；不听话就是坏孩子，长大后也会成为社会的弃儿。

毋庸置疑，相比于孩子，父母有着更充足的人生经验和学识，在很多事情上都能给予孩子有价值的建议。基于这样的观念，长久以来，家长们都太善于"说"了，也太着急"说"了，尤其是在和孩子发生分歧的时候。而这种"说"不仅仅是观点表达，往往还夹带着许多无形的"命令"和"强迫"。

就像家明的父母，他们把自己的想法和意愿理所当然地凌驾于家明的想法和意愿之上，总是在告诉家明你必须怎样做，你不能怎样做，这就会让孩子产生一种被权威压迫的感觉，觉得父母根本不考虑自己的感受，即使按照父母的意愿去做了，心里也是极其不情愿的。

长此以往，孩子就会对父母心生芥蒂，逐渐关闭自己的心门，越来越少地向父母吐露他们真实的想法。他外显出来的可能是顺从，但内心早已对父母不再信任，也可能像家明一样故意做些极端的事进行反抗。但不管哪一种，都不是我们想要的结果。

孩子遇到麻烦时，不要火上浇油。

一个男孩在学校里跟同学打了架，回到家妈妈看到他狼狈的样子，不由分说地将他骂了一顿："被人打了，还有脸回来讲？""你怎么不学点好啊，就你能耐会打架？"

其实男孩跟别人打架是有理由的，他本想解释一番，可是妈妈的话却让他不得不闭紧了嘴巴。从那之后，男孩再也没有主动跟妈妈说过学校发生的事情。

孩子遇到麻烦事、受了委屈、心情低落时，出于信任和依赖，本能反应就是找爸妈，从父母那里获得关心和安慰，这会让他感觉到父母对他的爱，从而产生充足的安全感。

但是，很多父母在遇到这种情况时，往往下意识的反应就是去责备孩子，批评他不应该去跟别人打架，呵责他不要在大庭广众下哭闹。这些道理确实应该讲给孩子听，但要选择合适的时机。在这些情况下，父母首先要做的是理解和安抚孩子的情绪，然后再去讲道理，这样不仅能让孩子感觉到父母对他的在乎，也能抚平孩子的逆反情绪，使他们更能听进去父母的话。

如果父母总是将孩子的倾诉拒之门外，孩子就会逐渐失去对父母的信任，同时负面感受也无法及时释放，这对于那些情绪调节能力较弱的孩子是有害的，甚至可能会酿成悲剧。

孩子高兴时，不要忙着泼冷水。

大年初一，全家人都到爷爷家吃团圆饭。饭后，刚上三年级的小侄女就毛遂自荐说自己要给大家表演一首新练习的歌曲。

侄女一点不怯场，大大方方地站在一群大人的包围圈里亮起了她的嗓子，还别说，侄女唱得真不错，而且还知道利用互动来挑起"观众"的热情，颇有歌星的派头。看着她有模有样的表演，我们都不禁鼓掌叫起好来，还有几个人开着玩笑说侄女将来是当明星的料。侄女听了也特别高兴，说自己长大以后真的想成为一名歌星。

这时，在一旁本来很高兴的嫂子马上变了脸，说道："当什么歌星，也不看自己长得什么样，一点都不切实际，你的任务是好好学习，偶尔唱唱歌娱乐娱乐就行了，还真想当个正事来做啊！"

侄女一听，欢喜的小脸皱成了一团，眼泪在眼眶里滴溜溜地打转。

大多数时候，我们强调的是，在孩子悲伤、无助、痛苦的时候，父母给予关心理解、积极的反馈是多么的重要，但其实在他们开心、兴奋、幸福的时候，这些同样也很重要。

当孩子兴奋地分享一些事情、表达自己的喜好愿望时，他们最渴望得到的就是父母的认可和称赞，这会让他们获得充足的自信，对未来的生活充满希望。

然而有些家长却习惯于在孩子兴奋时朝他们泼一盆冷水，比如：孩子说自己买了个好看的本子时，忙不迭地教育他家里很穷，不要这么浪费；孩子取得了好成绩时，不仅不夸奖还不断敲打，"不就得了个全班第一吗？有什么好高兴的"……还美其名曰这是挫折教育，这是培养孩子的谦虚品性，却丝毫没有意识到对孩子的伤害。

让孩子认识到社会的残酷，让孩子保持谦逊的品格，都无可厚非，但如果这么做的后果是打击了孩子积极性、削弱了孩子自信心，那么这样做是否还有必要呢？

父母想让孩子认清现实、具备强大的心理素质，这是可以理解的，但是通过这样的方式并不能让孩子感受到父母的真正用意，只会让他们觉得父母是不爱自己的，是不在乎自己的感受的，是不希望自己获得幸福的。这种伪挫折教育非但不能提高孩子克服困难的能力，更有可能给他们造成心理创伤，破坏他们的内在世界，让他们变得脆弱和焦虑。

事实上，以上三种情形归根结底都指向同一个问题，那就是当孩子的价值观、表现出来的行为与父母所期待的有所偏差时，父母应该怎么处理和沟通？其实并不难。

在亲子相处的过程中，父母最应该做的就是适当减少一些"说"，而让孩子多表达一下自己的想法，尤其是在产生分歧的时候，不要还没等孩子开口就马上打断，这不叫沟通。多听一听孩子对世界的理解，听一听孩子对一些问题的看法，这样你才能知道孩子真正想要的、缺失的、未满足的，然后才能对症下药，用合适的方式告诉他你想说的以及他应该知道的，同时也让孩子知道你是真的爱他的。

语言给孩子的伤害，常是暗伤

法国获奖儿童动画短片《伤痕俱乐部》中有这样一群孩子——

　　他们每个人身上都布满伤痕，其中有一个小男孩，他的伤痕跟别人都不一样，是淡蓝色的，而且没有歪歪扭扭的伤口。男孩觉得自己的伤痕很美，像星空一样，但身边的朋友都觉得自己身上的伤痕是丑陋的，拼命想要遮住。渐渐地，男孩对自己产生了怀疑。

　　有一天，男孩想向妈妈求助，来证明自己的想法是对的。然而就在他走近时，妈妈却一把推开了他，刹那间，千万个蓝色星辰涌入了他的身体。这时，男孩才明白他身上的伤痕是怎么回事，那是来自妈妈的冷漠，虽然只有隐隐的伤痕而没有伤口，但却疼痛难忍，难以愈合。

　　从某个角度来看，这部动画片就是在讲述家庭暴力对孩子的影响，小男孩身上的伤痕就是冷暴力和言语暴力形成的，虽然不像拳打脚踢那般会形成丑陋的伤疤，但给孩子带来的消极影响却长久存在，甚至要更加深远。

　　很多家长在对子女进行教育时，都是不提倡暴力教育的，但却往往对暴力教育存在理解偏差。并不是只有用棍棒打才能称得上是暴力，言语也是暴力的一种展现方式，并且常常在无形中给人以最深刻的伤害。

　　在"摧毁一个孩子有多简单"这一标题下，一个网友分享了自己的故事：

曾经那一句话，我用了二十多年来消化。

　　在我的记忆里，我从小学开始，每一次考试都是年级第一，从来没有得过第二名。时间一长我就把这当作理所当然，根本不会想自己得第二名会怎样。我的父母也都习惯了我顺理成章地得第一，好像世界上除了第一名再没有别的选项。

　　直到初二那年，一次考试，我得了第三。或许在很多人看来，第三也很不错，如果不满意下次再努力得第一就好了，没有人会永远立于不败之地。但是对于那时的我来说，第三就意味着我打破了自己永远第一的天经地义，意味着我考砸了，意味着天塌了。我无法想象，不能接受，进而开始自责悔恨。

　　放学后，我怀着这样的心情拿着试卷回到了家，用极低的声音说道："爸爸，我……我这次没考好，得了第三名，我该怎么办啊？"

　　当时已经不知所措的我，最想得到的就是来自父母的指导和安慰，可是，我的父亲是怎么回应的呢？他转过头来，带着谴责的口吻，冷冰冰地说道："我怎么知道怎么办？你自己不好好学习没考好，我能有什么办法！"

　　那一刻，我只觉得五雷轰顶，我的世界彻底崩塌了。或许在你们看来我有些小题大做，但对年少无助的我来说，这件事情就是全世界的分量。我不知道平常对我一向温和的爸爸，为什么会说出这样的话？他可能是心情不好，但他的这句话确实带给了我非常深的影响，让我更加自责，甚至是悔恨，无法原谅自己。

　　这句话我消化了很久，并且从那之后的很长一段时间，我都不能忍受自己做事情做不好，常常会负能量爆棚。直到现在，尽管那些微妙的心态已经不再严重困扰我，但我也始终无法摆脱。

有一些事情在成年人看来可能是微不足道的，但是对于幼小的、涉世未深的孩子来说却是极其重大的。当他们第一次遇到这种情况时，必然是惊慌而不知所措的，这就需要父母察觉到他们的这种情绪，并且给予积极的引导，这样孩子在以后再遇到类似的情况就不会再恐惧害怕，能够自行解决了。但若是父母反馈给孩子的是消极的、不耐烦的、冷漠的语言信息，就像例子中的父亲一样，就如同在他们已经脆弱不堪的心灵上又狠狠给了一击，不仅会给孩子的心理和情绪上带来不好的影响，还会导致他们在今后遇到同样的情形时重现噩梦。

这样的一句话看似并没有多大的杀伤力，但却可能会摧毁孩子面对未来、面对世界的精神支柱。

如果父母能在"我"经常得第一名时，没有将这当作理所当然，当成宠爱我的条件，而是告诉"我"，你的成绩是你努力的回报，但成绩并不能代表一切，没有人永远会是第一名；如果父母能在"我"胆怯地拿出试卷说自己没考好时，轻声地安慰"我"，"第三名也很棒，重要的是你尽力去做了就好，爸爸妈妈不会因为你没有得第一名就不爱你了"；如果父母能够察觉到"我"内心的无助和恐惧，"我"的自责和悔恨，告诉"我"这一切都没关系的，能让"我"在他们怀里痛痛快快地哭一场……那么，"我"应该不会那么长时间都生活在小心翼翼和负能量中吧，"我"也一定会比现在更坚强和快乐。

可是，父母似乎很难懂得他们说出的话对孩子来说意味着什么，这些事在孩子心中有怎样的分量。

因为血缘和亲情，孩子习惯性地将父母当作最信任和依赖的人，并且越小的孩子对这种信任和依赖就越强烈。也正是这种信任和依赖，孩子会更相信和在意父母的话，父母的话在他们心中有着不可取代的地位和分量，尤其是一些评价性的言语。然而，很多父母对于孩子的评价却总是张口就来，不经大脑思考，这也就导致了这些话更容易给孩子带来负面的影响。

"为什么你总是掉这么多饭粒，嘴巴有漏洞吗？"

"你没记性吗？说多少遍了，上厕所之后要关灯！"

"学习时总是东张西望，怪不得学不好！"

对于孩子的行为，尤其是从大人的角度来看是不合理的、不懂事的行为，父母总是会轻易地做出判断并且据此来给予孩子消极的评价。而在评价的过程中，父母往往会使用一些具有冲击性的、简短的词语，比如"笨蛋""没记性""缺心眼"等。如果孩子长时间生活在这样的标签下，就会在头脑中形成一种消极暗示，导致他逐渐呈这样的趋势成长。

我很理解父母的苦心，明白父母是希望孩子能够更好地成长，能改正自身的不足之处，但是这样的说话方式让孩子感受到的往往只有父母对他们的否定。如果父母不断生硬地指出孩子的错误，孩子就很容易产生抵触心理，故意与父母对抗，自信心也会被极大地削弱，从而变得容易否定自我。

可以说，语言带来的影响，除了作用于孩子的心理、情绪调节、能力培养等方面，也影响着亲子关系。

在某个亲子综艺节目里，一位妈妈有感而发，分享了自己小时候与父母的相处经历。

父母非常爱面子，大多数时候做什么、说什么都是为了面子服务，也因此常常责怪我。有一次，父母的一位男性朋友来家里做客，他们不在时，这位叔叔趁机"欺负"了我。

我跑去告诉爸妈，没想到妈妈不仅不以为然，还警告我小孩子不能乱讲话，否则让叔叔听到了会很尴尬。

我看着妈妈，有点不敢相信，那一刻以往种种类似的情形也都涌进了脑海。从那之后，我很少再和父母主动提起我的事情，自然跟父母的关系也越来越疏远，到最后或许就只剩下了血缘的牵绊。

孩子与父母疏远的情形其实并不少见，那些感觉到了孩子的疏远却不明所以的父母，或许就是因为曾经说了伤害孩子的话。语言带来的伤害，可能一次、两次看不出来什么，但是一旦累积到了一定的量，就会造成无法挽回的局面。

父母以为孩子年龄小记不住，以为孩子情感没那么细腻不会在意，所以很少站在孩子的角度去揣度说出的话，但其实，孩子都清楚地记得。

晚上吃完饭，和妈妈在沙发上一边看电视一边闲聊。

突然电视剧里演到了一个我熟悉的桥段，我就问妈妈："妈，我记得我小时候你也这么说过我，当时我伤心了很久，甚至怀疑我是不是你亲生的。"

妈妈非常诧异："不能吧，我怎么会说这样的话呢？再说了这都多长时间了，你那时候才多大，怎么可能记得？"

"真的，妈妈，不骗你，我还记得我写了日记呢，不信我翻出来给你看。"我说道。

好在，我的妈妈是个善解人意、通情达理的妈妈，她看到我那么认真的表情，知道我不是在开玩笑，于是郑重地跟我道了歉，那一瞬间，我获得了前所未有的幸福感。

俗话说，好话十句不抵坏话一句。出自父母之口的那些贬低的、否定的、嘲笑的话往往会像钉子一样深深地扎在孩子的心里，并且不会因为时间的流逝而逐渐被忘却。

父母或许会说，亲子之间哪有那么多讲究？和孩子说一句话难不成我还要思虑半天，看他的脸色？

当然，亲子之间的相处必定是以轻松随意为基调的，但这并不意味着什么话都能说。比如：不能和孩子开太过分的玩笑，尤其是与外表相关的；不能过于贬低、打击孩子，将他与别人比较；当孩子向你求助时、倾诉时，要倾向于相信他所说的，然后再去核实，而不是直接否定他；当孩子做了错事、遇到问题时，要先安慰，道理放在后面讲。

　　总之，亲子间的语言沟通也是一门大学问，父母不可不在意。掌握好这项技能，不仅能拉近自己与孩子之间的距离，也有助于管教出一个优秀的孩子。

为什么家长不能跟孩子好好说话

现在，越来越多的关于原生家庭的书籍都在向子女们传达一种观点，就是与原生家庭和解，很多人也都从中受到启发，打算和自己的父母好好聊一聊，化解亲子间的矛盾，拉近彼此之间的距离。但是，当他们真正这样去做时，却发现根本不可行。

为什么呢？因为父母根本不可能和孩子坐下来平心静气地沟通，他们根本不会跟孩子好好说话。

记得去年过年时，跟朋友一起聊天说到回不回家，有几个朋友都明确表示不回，回去肯定吵架。

"你的生活、你的规划他们都不懂，还非要指手画脚，他们做的一些事情你也劝不住，一言不合就吵起来。"

这一点，我们几个人都非常认同。到最后，一个朋友颇为无奈地感慨道："为什么我们跟父母总不能坐下来好好聊聊呢？"

相信这种感受，绝大多数子女都有，也包括现在已经为人父母的家长们，他们和自己的父母相处时，也会有同样的遭遇。

可，这是为什么呢？和父母生活在同一屋檐下很多年，怎么就会越行越远，以至于坐下来好好聊聊的耐心都没有了呢？

当然，原因肯定是多方面的，亲子双方都有问题，但主要原因还是在于父母，尤其是孩子未成年之前。

首先，是不可避免的客观元素——代沟。世界总是在不断变化的，时代是在不断发展的，父母生活的时代和孩子生活的时代，从物质条件到价值观念等各方面都很可能有极大的不同，若父母不能够紧跟时代的步伐，而是完全以自己那个年代的视角和孩子沟通，那势必会产生分歧。

代沟作为一种时代的产物是无法彻底消除的，但是可以无限缩减。父母生活的时代已经消失在岁月的长河中，孩子很难身临其境地体会父母所经历的种种的难关，但是父母却可以向新时代看齐，有意识地接触新事物，多尝试和年轻人进行深度的交流。

其二，父母对"沟通"的概念理解得不到位，容易把"唠叨、指责、说教"当成教育和沟通。

很多父母都会把"讲道理"当成一种很好的沟通形式，也非常推崇这样的教育方式。的确，和打骂、冷暴力比起来，讲道理要温和、积极得多。

但是，人们也往往会发现，讲道理对很多孩子是无用的，甚至有时候家长越爱讲道理，孩子逆反得越严重，越不愿意和家长说心里话。这是为什么呢？

其实，讲道理并没有错，但如若家长把讲道理本身当成一种科学的教育，用自己的大道理来压制孩子，那就是大错特错了。这样，讲道理很容易演变成唠叨和指责，而这两种方式，更会触发孩子的抵触情绪。不信，看看下面的两句话，你在读的时候是什么样的感受？

"哎呀，你怎么就是不听妈妈的话呢？让你多穿点就是不听，这下感冒了吧？我跟你说下雨了冷，要多加一件衣服，你怎么就是不听呢？妈妈还能害你吗？"

这样的话即使是心平气和地以关心的口吻说出来，孩子听了也会不耐烦，并且传达出来的信息都是重复的。通过这种方式来和孩子沟通，不仅浪费精力而且非常低效。

和孩子讲道理，有一个黄金法则，就是硬道理不能超过三句！超过三句，就是啰唆。另一方面，讲道理只能算作是沟通教育中的一个很小的环节，在此前后需要其他的方式进行辅助，而不是直接给孩子灌输并让他自己消化，这样是不能产生任何效果的。教育并不是一件"告诉"和"被告诉"的事情，一味地对孩子说教，几乎起不了任何作用。

其三，家长太好面子，不会承认自己的错误。

我与父亲的关系很差，在将近十年的时间里，我们俩说话都不超过十句，我生活中最大的痛苦都是拜他所赐，每当我想起他曾对我做的事情和他对我的态度，就会觉得亲情竟是如此凉薄和不堪。而对此，我父亲常说的一句话就是："总不能让我给他道歉吧！"

好像在一贯的认知里，父母扮演的角色就应该是说教者、权威者，给孩子道歉就会丢了作为家长的权威，失了长幼尊卑的礼数。

家长们常常教育孩子如果犯错了就要勇于承认，不能推脱责任，但是自己在面对孩子时却习惯于推卸责任，找借口。似乎在家长的眼里，在孩子身上做错事而不道歉就是天经地义的事，父母这个身份做什么都是有理由的、可以被原谅的，当孩子拿着父母犯过的错来问他们时，他们不会承认，反而会生气地斥责孩子："我们养你这么大，供你吃、供你喝，你怎么这么斤斤计较，这么一点小事就记得这么久？！"

即使有所悔悟，想跟孩子道歉，说出来的也是"变了味"的对不起。网上曾流传一个漫画形式的段子，画面中一位爸爸捧着一本叫作《亚洲父母道歉指南》的书，翻开一看，偌大的白纸上只写着三个字：吃饭了！

这幅漫画无比真实地反映了"中国式亲子关系",我们的父母好像真的不知道怎么正正经经地跟孩子道歉,这就会让孩子觉得父母压根不尊重自己,根本不在意自己的感受。在这种情况下,还怎么好好沟通呢?

对于"父母给孩子道歉难"这个问题,社会心理学家泰吾瑞斯认为,父母拒绝向孩子道歉,相关心理动因可能包括三种:一是想要维持良好的自我形象;二是想要维护家长的专断地位;三是试图保持自己的控制感和权力感。

父母会觉得道歉就意味着向孩子低头,孩子就不会再同之前那样敬畏自己,从而更加不服管教。但事实并非如此,研究表明,敢于承认错误的父母在孩子心中将具有更高大、更光辉的形象。好的道歉,不仅能彰显父母的智慧和风度,而且会使亲子关系更融洽,也能帮助孩子学会正确的冲突处理模式。

其四,家长不能很好地控制和调节情绪,总是借由沟通进行发泄。

当孩子做错了事或者有不好的行为时,有的父母总会歇斯底里地使用充满侮辱性的字眼指责、打击、诋毁孩子,甚至在自己遇到不如意的事情时,也会冲着孩子大发脾气。

"你看你的房间,乱得啊,还不如个狗窝,你说说你怎么这么懒啊,跟猪一样,真是没救了,再这样下去,你迟早会懒死……"

"你闭嘴,做错了事还狡辩,你怎么一点都不学好啊,爸爸妈妈把你养大多么不容易啊,你就这么报答我们的?我们真是白疼你了……"

家长要明白我们跟孩子交流的目的是什么,是让他们获得经验和教训,以后不会再犯同样的错误,或者遇到类似的状况可以自己解决,而不是将孩子当成发泄对象,释放自己的负面情绪。

家长控制不好自己的情绪,也会影响孩子的情绪,这就会导致双方在交谈时都处于"一点就炸"的状态，很难好好说话，并且也会影响孩子的情绪释放和调节能力，使其在人际交往中处于劣势地位。因此，建议家长在开口之前，先给自己打一个预防针，弄清楚自己与孩子交谈的目的。

其五，家长有很大的人生遗憾，害怕孩子重蹈覆辙。

> 小尹的妈妈一直以来就有个"教师梦"，但是她年轻那会儿错失了机会，没能当上老师，所以她特别希望小尹将来能够成为一名老师。但是小尹却恰恰相反，她对老师这个职业一点都不感兴趣。当察觉到孩子的这种想法后，每次母女俩谈到这个问题，小尹的妈妈都会失控，然后俩人大吵一架，不欢而散。

有一些家长觉得自己的生活没有过成曾经期待的那样，心里充满遗憾，就想借由孩子来弥补，希望孩子能拥有自己所憧憬的却没有实现的人生，一旦孩子有了不同的想法或者偏离了他所预想的结果，他就会失控，希望通过这样的方式来让孩子回心转意。

如果你是这样的家长，请换位思考一下，你有你的人生理想，孩子也有自己的理想与追求，倘若你的理想要由孩子实现，那么孩子的理想又该如何实现？你的人生孩子替你过了，那么孩子的人生呢？

除了上述情况，孩子的叛逆也是影响亲子正常沟通的主要原因之一。处于叛逆期的孩子情绪波动大，遇事容易冲动，想法比较自我，很难顾及他人的感受，因此很容易激怒父母。但越是在这种情况下，父母越要比平时更加冷静，因为发脾气和暴力不仅不能解决问题，还会使情况更加糟糕。

亲子之间不能好好说话，已经成为一种普遍现象，但是常见并不意味着正常。这是一种畸形亲子关系的反映，也是很多家庭痛苦的来源。

曾有一则这样的新闻登上热搜——

江西一位 22 岁的女孩在和父亲、哥哥乘船回乡的路上，与父亲发生了争执，愤怒之下，父亲大吼了一句："你爱去哪去哪，我也管不了你了！"这句话彻底点燃了女孩的情绪，她打开船门，纵身一跃跳进了滚滚江河之中，就在这一刻，刚刚还在生气的父亲，也不管不顾一头扎进了江水中，营救自己的女儿……

　　这则新闻下面网友的讨论异常激烈，有一条评论戳中了不少人的心：女儿和爸爸虽然吵架翻脸，但是爸爸却还是不顾一切地去救她，这就是这件事情最让人痛心的地方，父母和孩子明明相爱着，却又不停地互相伤害。

　　为什么父母可以为了孩子放弃一切，包括生命，却就是不能坐下来跟孩子好好沟通？归根结底，就是父母太不把孩子的意志当回事儿，没有把孩子当成一个有思想的人。只要家长愿意转变这样的观念，那么亲子间好好说话就不再是一件难事。

把"我这都是为你好"变成"你觉得这样好不好？"

为人父母，都希望能给孩子最好的教育，把孩子培养成优秀的人。但是好的教育并不简单，如果用力过猛，就极有可能造成不好的结果。

这里所说的教育，更多的是家庭教育。相比于其他教育，家庭教育对孩子的影响更大，它不仅是孩子性格、品格形成的重要基础，更是他们接受其他教育的根基。

正如美国教育家泰曼·约翰逊所说："成功的家教，造就成功的孩子；失败的家教，造就失败的孩子。"

而家庭教育的成功与否，关键在于父母（孩子的第一监护人）。然而，现实却是，很多家长不会反思自己的问题，秉持着"天下无不是的父母"的观念，将自以为好的教育施加在孩子身上。如果孩子出现了问题，还会把责任归咎于孩子，因为他们觉得，只要我爱你，我做什么都是为你好。

可是，总说为孩子好，孩子真的好了吗？

前段时间高考成绩公布后，在网上看到了网友分享的这样一个故事。

高考志愿要选择自己喜欢的专业，一定要把决定权把握在自己手里，这是我的血泪教训。

记得那年高考分数出来后，我考得还可以，就兴冲冲地填报了自己早就看好的几所学校。可是我的父亲看到后，坚决不同意，非得让我改成医学院校和医学专业，还口口声声说是为了我好。按照他的想法，我有一个表哥在医院工作，还有一个表姐也从事相关行业，这样我毕业出来就不用发愁找工作了。

但是我真的不喜欢学医，也因此坚持自己的想法。商量无果后，父亲以断绝父子关系和跳楼为要挟，逼迫我就范。我只好找来我的姑姑、表姐让他们来劝劝父亲。他们看了我的分数和选的专业，也认为挺不错，没必要非得学医，但是父亲就好像是着了魔似的，谁的话都听不进去。

最后，我妥协了，在父亲的主导下把志愿全都换成了我们省最好的医学院校的相关专业。然而，命运也似乎在跟我开玩笑，那一年我报的医学院校不知为何特别火爆，录取分数线一下子提了二十多分，这直接导致我落榜了。

当时，我已经心灰意冷，也不想再复读，二次征集志愿时随便报了几个，最终被一所三本院校录取了。学校学习氛围差，再加上我对专业也不感兴趣，就那样浑浑噩噩地过了几年。我心里真是恨极了父亲，可在父亲看来，都是我自己不争气才导致现在的样子。他还是固执地认为他做的都是为了我好。真是讽刺！

例子中的父亲可以说是控制型父母的典型代表，而"我是为了你好"就是这类父母的口头禅。这位父亲完全从自己的意愿出发，不考虑孩子的喜好和需求，还打着为孩子好的旗号，以不合理的方式，强行更改孩子的志愿，最终造成了难以挽回的局面，却依旧不承认自己的错误。当然了，例子中的主人公也有自己的问题，但是仔细来看，这些问题很大程度也是受到父亲的影响，比如不够果断、自制力太差等。可以见得，总是生活在父母控制下的孩子，在性格和能力等方面也会有着各种缺陷。

"我这是为了你好！"短短一行字，给了父母们太多的特权，也模糊了父母和孩子之间应该有的边界，成为他们心安理得地驳回孩子的"万金油"，以至于有人控诉，"我这是为你好"就是一种赤裸裸的道德绑架，是一种自私的强盗逻辑。

还有一个更可怕的事实是，拥有强控制欲的父母往往还擅长打击式教育，在这样的双重作用下，孩子很容易走向崩溃。

就在中考完不久，姑妈的女儿小凝就自杀了。好在抢救及时，没有酿成悲剧。

我到医院看她时，姑父、姑妈正在床边抹眼泪，还时不时地哭诉表妹狠心。小凝则面无表情地躺在床上，一言不发，直到只有我们姐妹两人时，她才开口跟我说了几句话。

回到家，我打开了表妹的 qq 空间，映入眼帘的都是姑父、姑妈对她说过的话："还不去练琴，跟你一起开始学的都八级了，再看看你。""别跟那些不三不四的朋友交往，他们都把你带坏了。""穿我给你买的衣服出去，你买的都是什么乱七八糟的。""这个你得听爸爸的，我们都是为你好！"……

爱子心切的姑父、姑妈为了让小凝以后的生活幸福顺遂，就给她制定了一系列计划，管控着她的方方面面，甚至不惜使用打击、命令等手段让小凝服从。他们以为只要小凝按照他们的安排去做，这一生一定会与痛苦、困顿无缘，却不曾想，表妹人生的痛苦和困顿都是来源于他们，来源于这自以为是的、密不透风的爱。

"我这都是为你好！"这句话，似乎是很多父母的标配，常常被他们灵活运用在各种场景，尤其是在孩子面对重要选择的时刻，升学、择业、辞职、找男朋友、结婚生子……每当孩子的想法与自己产生冲突时，他们就会习惯性地拿出这句话来狠狠地压制孩子。

在这样的父母眼中，只要自己爱孩子，不管用什么样的方式，都是为了孩子好，孩子这时候不明白不要紧，长大了自然会懂，重要的是先照着自己的意愿去做。

然而这样的教育是最容易对孩子造成负面影响的教育。心理学研究表明，父母过度控制孩子，会造成孩子抑郁、焦虑、怯懦、做事拖延，甚至还会发展成强迫症等心理疾病，严重时就会出现自杀行为。

在众多的事例面前，父母们是不是应该好好反省，为什么总说为了孩子好，但孩子却并没有好呢？

父母爱孩子是天经地义的，但是超负荷的爱，对于他们来说，就是伤害。"我这是为你好"这句话让孩子感受到的并不是爱，而是强迫，是不被理解，是不被关注，是沉重的精神负担。

一位教育专家曾如是说："家长在教育孩子的时候会犯一种错误，就是'我都是为了你好，所以你就要听我的'，这看起来是家长在保护孩子，其实是在把自己的意愿强加在孩子身上。"

父母以"为你好"的名义要求孩子做一些事情或者将某些东西附加在孩子身上时，很少换位思考，很少去想孩子开不开心，很少去在意孩子是否真的需要，这种情况下孩子就会产生"父母并不爱我，我只是他们的一个工具"等这样的想法。而有时候为了讨好父母，孩子就会压抑自己的真实需要而去迎合父母，但内心仍是抗拒的。当然，如果孩子选择不顺从，父母也会使用亲情绑架、道德压制的方式让他们不得不听话。

长此以往，孩子不但无法形成良好的自我边界，还会十分在意外界的看法，形成讨好型人格，不论什么事情都畏首畏尾，缺乏胆识和魄力，甚至出现心理疾病，做出极端的事。

很多人都说，父母所谓的"为了你好"实际上是想通过孩子来弥补自己的人生遗憾，因此才会千方百计地将自己的想法施加给孩子，管控孩子的人生，使其变成自己期待的那样。

身为父母，更应该关注的是孩子真正喜爱什么、想要什么、厌恶什么、在意什么，如何给予他们恰当的爱和呵护，如何给他们有意义的引导，而不是用自以为是的爱来伤害他们。

当然，孩子因为年龄小，生活经验不足，各种能力尚且不够完善，不可避免地会对一些事情做出错误判断，也不能很好地控制自己的行为，是不能够脱离父母的管控的，但是管控并不是一板一眼的控制，需要注意程度和方式。

首先要注意的，就是一定要关注孩子的情绪和心理。当孩子明确表达出自己的真实感受时，要相信和重视他的感受，并且教会他合理释放情绪，这样孩子以后就会更加懂得情绪表达和情绪调节。但有的孩子可能因为性格或其他原因不愿直接表达，那么家长也需要通过其他的表征去推测，进而给予适当的回应。

其次在表达看法、观点、要求时尽量使用商量式的口吻，不要说"我这都是为了你好"，而要说"你觉得这样好不好"，提供可行的选项，分别说明它们的优劣势以及可能造成的后果，让孩子自己选择和负责。

儿子不爱写作业，经常是在我再三催促下才极不情愿地写完，时间长了，他就嫌我唠叨，我自己也觉得很烦。

后来，我就想了一个办法。有一次放学，儿子还是如往常一样，到家扔了书包就开始玩，我忍住没说他。大概到九点的时候，他突然意识到了什么，问我："妈妈你怎么不唠叨我写作业了？"

我说："现在你有两个选择，一是继续玩，我也不会说你，但是明天老师检查作业的时候，如果你没写完我不会帮你打马虎眼；二就是现在去写作业。你自己选吧。"

一听我不管他了，儿子立马兴奋起来，玩到了十一点多，作业是一点没写。第二天放学回来，儿子垂头丧气地跟我说："妈妈都怪你，我没写完作业被罚在讲台上朗诵课文，可丢人了。"我笑了笑没说话，因为我知道儿子虽然嘴上这么说，但其实已经认识到自己的问题了。

果然，晚饭过后他就自觉地去写作业了。

其实有的时候对于孩子的行为，父母是没必要一直唠叨，比如穿什么衣服、休息时间怎么安排等。孩子的选择和决定并不一定是错的，有些做法即使不合理，也要允许孩子自己摸索、不断试错，这样他才能够真正明白其中的道理。

当然，不同的家庭、不同的孩子的具体情况也不同，这样的教育方式不一定都适用，但是用"我这是为了你好"的说辞来限制孩子行为、忽视孩子感受无疑是失败的教育。父母之于孩子应当是引领者、支持者，而不是专制者和暴君。如果父母真的想为了孩子好，就请试着从"你觉得这样好不好"开始转变吧。

孩子不是天生就和父母没话可说的

在育儿的道路上，羁绊总是如影随形，父母们常常会遇到各种各样的问题，而最大的苦恼莫过于：为什么孩子越长大，与我们就越无话可说？

"孩子不愿意跟妈妈交谈，不愿意跟家人说心里话，一跟父母聊天就不耐烦"，是不少父母面临的难题。因此，常常听到父母们的抱怨：现在当家长真是太难了，孩子什么事情都不愿意跟你说，你只能看着干着急。

对于这个现象，父母们也有自己的看法，他们所能想到的最合理的解释，就是孩子长大了，有自己的想法了。这种解释不无道理。的确，伴随着身体机能、认知能力的提高，孩子的自主意识越来越强烈，很多事情都会产生自己的想法并做出决定，更倾向于自主行事。

但事实上，孩子的这种变化对亲子关系的影响并不大。换言之，即使孩子长大了，变得更独立了，他也是有跟父母交流的欲望的，也是能够跟父母像小时候那样亲密的。

拥挤的火车车厢里，偶遇了这样一对特别的母女。说她们特别，是因为她们的相处模式看起来一点都不像我常看到的那样。

妈妈五十多岁的样子，女儿已经成年，刚上车时，由于戴着口罩，从外形和举止来看，就像是姐妹或闺蜜。落座后，女儿一直亲昵地挎着妈妈的胳膊或者靠在妈妈的肩膀上，翻到好看的或好玩的都会让妈妈也看一看，还调侃道："妈妈，你照的真好看，都不用修图了。"妈妈也笑着说："那当然了，不看是谁的妈妈。"

最让我感到诧异的，是她们的聊天毫无避讳，完全是想什么说什么，从女儿的感情状态，到女儿的朋友们，再到女儿的学习、未来的工作期望以及父母的朋友、熟人，并且，全程都是女儿说话比较多，妈妈则是倾听者的角色，当然也会不时给出些自己的看法和建议。她们就像同龄人的沟通一样，让人感受不到一点家长的权威、强制。

可以说，很大程度就是因为这样的沟通方式，她们母女的关系才会这么亲昵。

对于和孩子沟通不畅这件事，大多数父母会把责任甩给孩子，认为是孩子在抗拒父母，孩子不愿意跟父母敞开心扉。但其实，孩子的天性是倾向于跟父母分享的，小的时候他得到了一个好玩的东西时会迈着并不利索的步伐拿给父母看；他受了委屈时，一看到父母就马上会破防，号啕大哭起来。这种天性是根深蒂固的，即使在孩子长大后也不会凭空消失，而真正导致他们不愿与父母沟通的，是父母不当的反馈、回应方式。

简单地说，孩子面对父母时的沉默，除了自我意识觉醒之外，其实更多是因为：曾经说了，却被反驳、被惩罚或者被打击、被忽视。

综艺节目《少年说》第一期的一位小主人公袁景颐的故事，就是对这一现象的最真实、最恰当的诠释。

"有一个人，他十项全能，他什么都好，他就是别人家的孩子。你总对我说，你这么差怎么会有人愿意跟你做朋友？你为什么老是打击我，难道你就看不到我的努力吗？妈妈，孩子不是只有别人家的好，你自己的孩子，为什么就不能好好看一下呢？她也一直在努力啊！"

小小的袁景颐，站在天台上声嘶力竭地喊出了这些对妈妈的心里话，对此，站在台下的妈妈却风轻云淡地回应道："你学习上存在那么多问题，而且你这个性格，我不打击你，你就会飘。"

听到这样的回答，小景颐没有死心，又试着为自己争取了一番："妈妈，你说的我也知道，但是我不适合激将法，你这样做只会让我越来越差。"

可这次，妈妈却直接忽略了她的话，而是发出了反问："那你为什么就不能达到妈妈的要求呢？"

到这里，小景颐已经明白自己再说什么都无济于事，于是，不再说话，抹着眼泪走下了天台。

很多不想跟父母交流、与父母无话可说的孩子，大多都有袁景颐这样的经历，说过的话、分享的事情，要么得不到回应，要么得到的不是自己想要的回应，一次、两次、三次……之后，就再也不想开口了。

这个故事暴露出来的，就是父母在和孩子沟通时最常犯的也是最严重的两个错误：一是不善于倾听，二是在沟通时不能使用恰当的语言。

倾听，看起来容易，其实并不简单。真正的倾听，是一种需要全身心投入的事情，也是一项需要调动脑力和心理感知能力的活动。

面对孩子的诉说，父母通常有以下几种应对方式：

第一种，拒绝倾听，直接让孩子闭嘴。

第二种，任由孩子去说，但毫不在意不予回应。

第三种，假装听孩子说，实际上却在忙自己的事情，只是用"嗯""啊""真棒""厉害"等字眼来敷衍地回应。

第四种，有选择地听，孩子说一些在父母看来无关紧要的事情时就不听，说到自己觉得重要的事情时才开始全神贯注地听。

第五种，认真地听，孩子说的每一句话，分享的所有的事情，都用心倾听。也包括孩子在倾诉时的神情、动作，不管是高兴的还是悲伤的，都尽可能地去捕捉、去理解。

以上五种情况，只有最后一种才是真正的倾听，但也是最花费时间和精力的，所以包括我们大多数人在内的很多父母，是很难自然做到真正倾听的。不过，这也并不意味着不能做到。

父母们对孩子的话不上心或者不屑于倾听的主要原因，就是自己往往把自己摆在"上帝"视角，觉得孩子说的事自己早就知道或者是显而易见的，并没有认真听的必要。但其实，孩子所表达的最重要的部分，并不是语言的表面意思，而是这些话语所展现出来的深层的含义，比如隐含的态度、背后的故事等。

举例来说，有一天你的孩子突然告诉你说自己想买一个名牌的鞋子，你的第一反应可能是孩子被周围的人影响了，产生了虚荣心，于是忙不迭地教训他。但实际上，他可能只是想让自己变得更合群一点，或者想用这种并不成熟的方式来挽回自尊心，而非真正的虚荣。如果你能倾听到这深一层的含义，那么你就能采取更合理的回应方式——告诉他你很理解他的心情，并且你认为这也是一种解决问题的方法，但并不是唯一的，然后告诉他具体该怎么做。

当你和孩子的沟通能够达到这种状态时，孩子就会和你越来越亲近，也能够从中获得很多处理事情的经验和技能。

曾有一则这样的新闻——

广西南宁一位财务管理专业的女大学生，在找工作时遇到骗子，被骗了7万多，濒临崩溃，她在镜头前绝望哭诉，说自己现在已经不知道该怎么办了，既不敢告诉家人，又害怕自己扛不过去。

这一事件引起了网友们的广泛讨论，其中有一个观点让人深思：可以想象得到她是多么绝望和无助，可即便如此，她还是宁愿独自承受，难以想象她的父母究竟做过什么，这么不值得被她信赖……

客观来看，这种说法是有些夸张，但是从女孩的表现来看，可以肯定她和父母之间是存在隔阂的，是缺乏顺畅沟通的，而其中的原因很大程度上就是我们前面所提到的——她曾经遇到过类似的情况，在跟父母说了之后，得到的最多的回应却是责怪、埋怨。

　　除此之外，这个例子还突显出一个问题，那就是一些遇到麻烦不敢向父母求助的孩子，往往本身也缺乏独立处理问题的魄力和能力，只能靠自己硬扛，倘若有一次扛不过去，就可能走向极端。

　　这是因为，孩子和父母之间的沟通，尤其是在孩子遇到困难的情况下，正是父母向孩子传授人生经验的最佳时机，如果父母只是一味地批评和责怪孩子，而不去教他怎么做，引导他培养相应的能力，那么他下次再遇到同样的情况时就只能被困住：既不敢告诉爸妈，自己也不会处理。

　　所以有效的沟通真的很重要，而有效的沟通就是建立在倾听的基础之上的。

　　除了倾听，父母在说话时所使用的语言也很重要。

　　比如，你看到一个很有教育意义的节目，于是想和孩子一起看，但是孩子却跟你说，妈妈我不喜欢这个节目，我觉得这个节目没什么意思。

　　你可能会说："你还没看怎么知道没意思？相信我，这比你看的那些打打闹闹的动画片好看多了，看一会儿你就会喜欢上的。"

　　这样的说法乍一看好像没什么问题，但是"打打闹闹"这个词却拉踩了孩子所喜欢的内容，这种说法很容易激起孩子的逆反心理，直接导致沟通失败。

　　孩子的内心是十分细腻敏感的，也有着很强的自尊心，尤其对于他们所喜欢的事物有着强烈的保护欲望。所以，父母们要注意自己的用词是否恰当，不要随便调侃或贬低他们的喜好，如果你觉得这些喜好不合理，那也要慢慢地转变他们的想法，而不要直接评价，这样只会让他们越来越和你对着干。

从孩子的内心来讲，不管他们年龄有多大，都是渴望得到父母的关心和庇护的，是希望和父母好好沟通、好好说话的，他们并不是天生和爸爸妈妈无话可说，而是因为有顾虑而不敢说、不想说。

那些总是被"掉""骂"或者被无视的孩子，都渐渐地学会了沉默，对父母关上了敞开的心门。每当他们受伤时甚至是高兴时，都是自己默默地感受，或者将倾诉的首要对象，换成了朋友、同学甚至是网友、陌生人。

所以，父母们在感慨孩子不和自己谈心前，是否也应该反思一下自己呢？想一想当孩子在向你分享他的那些开心的、喜悦的、悲伤的、害怕的事情时，你给出的是怎样的反应？

孩子想说时，你总是不在意或变相拒绝，等到你想好好沟通时，他也就未必想说了。因此，别到了孩子不跟你分享的时候才去求助，也别到了孩子真的出事了之后才后悔当初没好好倾听孩子的心声。

第二章

平等对话：蹲下来，目光平视着和孩子沟通

耐心倾听，让孩子感受到他被你尊重

"妈妈，你能不能理解我一下呢？我现在压力真的很大。"

"你能有什么压力？吃、穿、住都不用操心，伸手就有钱花，你就把精力都用到学习上就好了，这有什么困难的？"

"爸爸，你能不能听我说一句呢？真的不是你想的那样。"

"你懂什么？我吃过的盐比你吃的饭还多，不用说了，就听我的没错。"

这样的亲子对话，对于我们来说都不陌生。父母和子女之间，父母因为经验和阅历常被认为更成熟、更有能力、更有见解，所以承担了引导者、说教者的角色。这是毋庸置疑的，然而在这样的观念下，有一些父母会夸大自己的已知而忽略自己的无知，把自己凌驾于孩子之上，认为孩子什么都不懂，就应该听自己的。久而久之，他们就开始自动屏蔽孩子的声音，不断向孩子输入自己的价值观。

长久以来，家长们都太善于"说"了，也太着急"说"了。而这种"说"不仅仅是观点表达，往往还夹带着许多无形的"命令"和"强迫"。

比如，孩子不喜欢吃鱼，但你还是夹进了他的碗里，并告诉他，鱼肉富含蛋白质，多吃对身体好。

从你的角度来看，你真的很爱孩子，不仅辛辛苦苦做了饭，还给孩子夹菜，苦口婆心地劝他吃有营养的东西。但是站在孩子的角度可能并非如此。

他不想吃鱼，可能是讨厌鱼的腥味，可能是觉得口感不好，总之他是真的不喜欢。作为家长，首先应该做的是问清楚原因，听孩子说他为什么不想吃，但是你却二话不说，就一股脑地将自己的想法和建议抛给孩子，末了还要来一句：我是为了你好！

当孩子向父母陈述一件事情时，如果父母过于相信自己的感受，而忽略孩子的感受，就无异于直接告诉孩子："你闭嘴，我不想听你说，我根本不在乎你是怎么想的。"这样孩子能感受到爱吗？显然不能，他感受到的只有被强迫、不尊重、不关心。

所以亲子相处中，父母应该有意识地将话语权多交给孩子，自己把精力更多地放在如何倾听上。因为倾听才能够让孩子直观地感受到父母对自己的尊重和重视，从而更乐于与父母沟通。

但倾听，看起来简单，其实并非易事，尤其是对父母而言。有多少家长是一看到孩子犯了错就忍不住马上训斥的？有多少家长是在觉得孩子的决定不合理的时候就马上长篇大论地讲道理的？我想，应该有很多。

给孩子建议、指导，帮他们解决问题，或者阻止孩子"不够成熟的冲动"，已经根深蒂固地成为父母的第一反应，而倾听则成为一种"反直觉"。

因此，耐心倾听的第一步，就是给予自己心理暗示，将"反直觉"纠正过来。父母要时刻提醒自己："听孩子说很重要。"并且要逐渐尝试着在自己脱口而出前及时"刹车"，有意识地按捺住自己想要"说"的冲动。父母还可以将那些孩子说过的让你有感慨的话记录下来，养成一种习惯。慢慢地，你就会发现"听孩子说"是一件非常美好的事情。

第二步，是倾听时一定要全神贯注，让孩子感觉到你是真的想听他说，而不是敷衍。听和倾听是不同的，听可以左耳朵进右耳朵出，可以漫不经心，可以挑肥拣瘦，但倾听意味着每一句话你都要认真去听，甚至要揣摩其背后的意思。

有的家长在听孩子说话时，脸上虽然带着诚恳的表情，但是手却在忙别的事情，这就无异于在告诉孩子："我很忙，你快点说，我没时间。"全神贯注地听，不仅要注意面部表情，也要注意身体动作，家长可以时不时地看着孩子的眼睛，给予一定的回应，如点头、微笑等，身体要稍微向孩子那边倾斜。

孩子说话时，不要轻易打断，要跟随孩子的话题，了解细节。

有一天，孩子突然跟我聊起他们班的一个同学，说那个同学特别讨厌，经常在背后说别人坏话。我下意识地就想打断她："你这不也是在背后说别人的坏话吗？"

但是想了想，我还是把到嘴边的话又咽了回去，选择继续听孩子说。

孩子在说话时，家长尽量不要打断，尤其在没有详细了解事情原委的情况下，这比直接拒绝倾听好不到哪里去，同样会让孩子感觉到父母的不尊重和不耐烦。

孩子和大人看待问题的角度很多时候是不同的，所以父母要学会从孩子的视角去分析他所说的事情，从而准确捕捉孩子想传达的信息。

孩子接着说道，有一次他不小心听见那个同学说自己胳膊上那块疤很丑，看起来恶心。孩子手臂上的疤是他小时候不小心被火烫伤留下的，其中还有那么一段曲折的故事，伤疤确实不那么美观，但那个同学这样说无疑会打击孩子的自尊心。

于是我说："当时，你心里一定很难受吧，觉得别人都在嘲笑自己。"孩子很感激地看了我一眼，用力点了点头。

听出孩子的"感受"，让孩子学会识别自己的情绪。

细心的家长在沟通的时候会挖掘孩子的内心感受，就像例子中的"我"一样，通过孩子的倾诉准确捕捉到了他的"难受""自卑""羞愧"，这会让孩子感觉到父亲／母亲对自己的关心和重视，觉得父亲／母亲是理解自己的。

　　孩子的倾诉多半是情绪的表达，有的时候他们只是需要一个人懂得自己的感受，陪自己待上一小会儿，等到情绪消化好了，一切就都会过去。但如果在这种情况下，倾听者给出的是否定的、不屑的回应，孩子的情绪不仅不能消解，还会越积越多，最终造成不好的结果。

　　我们常把情绪分为积极和消极两种类型，有的家长自然而然就把消极情绪当成"洪水猛兽"，一旦孩子显露出迹象，就会采取"不认可"的态度并制止他们发泄出来。

　　但其实，孩子有消极情绪也是很正常的。如果父母总是阻止孩子消极情绪的表达，就会导致他们无法客观地看待自己的情绪，也不懂得怎么释放，最后只能愈演愈烈，对孩子的性情发展产生影响。

　　当然了，有时候孩子的倾诉除了发泄情绪外，也带有寻求帮助的目的，这时候父母要在安慰了他们之后，再想办法协助他们解决问题。

　　就像上面的例子，虽然那位说坏话的同学做得不对，但是孩子的处理方式也是不恰当的，并不能从根源上解决问题。这个问题不仅涉及同学间如何相处，也关系到孩子自身应该如何面对他人的评价。

　　比如例子中的"我"可以启发孩子思考："面对这样的同学，你除了和妈妈吐槽外，还有什么办法吗？"在孩子说出了自己的想法后，可以告诉他："每个人都有自己的喜好和观念，如果你觉得他冒犯了你，又不想破坏同学间的关系，可以选择远离；当然你也可以直接提出来，表示自己不喜欢这样被人说。但这都不是最重要的，妈妈想告诉你的是，每个人都有属于自己的特质，你胳膊上的疤痕也属于其中的一种。生活在群体中，我们不可避免地会受到外界的评价，但是不要被那些评价左右，你需要的是认清自己。如果你觉得自己的疤痕是有故事的，是美的，别人再怎么说也无济于事。"

很多时候，倾听就是为了"说"服务的，要根据听到的信息，使用恰当的方式陈述自己的观点，向孩子传授经验。

仅仅倾听并不能解决所有的亲子问题，但很多亲子问题的解决都必须从倾听开始。只有倾听了孩子，你才能了解事情的真相和孩子所需要的是什么，才能对症下药，用合适的方式告诉他你想说的和他应该知道的。

美国知名主持人林克莱特在主持一个节目时曾采访一个小孩子，问他："你长大之后想成为什么呢？"

小孩毫不犹豫地回答："我要当飞行员。"

林克莱特接着问："如果有一天你的飞机在太平洋上出现了事故，你会怎么办呢？"

小孩想了想，歪着头说："我会告诉乘客系好安全带，然后我背上降落伞跳出去……"

还没等小孩说完，在场的观众就开始笑起来，有的说人都是自私的，生死关头都是先想自己；有的说这孩子太老实，当着大家的面居然还说这样的话……

而林克莱特什么都没说，他只是静静地注视着小孩，示意他继续说下去。这时，小孩的眼泪夺眶而出，哽咽着说道："我要跳下去拿燃料，然后回来救他们。"

那些刚刚还在哄笑的观众们听了孩子的这句话，都安静了下来，脸上带着愧疚。误会解除了，小孩脸上露出了开心的笑容。

试想，如果林克莱特也像其他人那样，没有默默等着孩子继续说，那么结果将是什么样呢？一个孩子的善良纯真、勇敢机警将被无视，取而代之的是人性的自私丑恶和一颗受到伤害的幼小的心灵。

然而，现实中像林克莱特一样耐心等待孩子说完的父母并不多。对于孩子的行为表现、发生在孩子身上的事情，父母们总是会有一个先入为主的评判，在没有听到孩子的观点前，就以为自己知道了事情的真相并据此开始教育，从而给孩子带去了极大的伤害，让他们对父母的信任逐渐消失殆尽。

如果你想真正地认识和了解自己的孩子，看到孩子的更多面，如果你想和孩子拥有融洽的亲子关系，让孩子也能理解你，那就试着从"听他说"开始吧。

教养孩子，严格好还是宽松好

现在，很多家长在心中都有一个疑问，那就是对待孩子到底是严肃一点好，还是宽松一点儿好？

有的父母觉得自己是长辈，在孩子面前一定要严肃一些，因为只有这样才能树立起家长的威严，让孩子产生敬畏心。如果和孩子在一块嬉皮笑脸地玩闹，慢慢地自己就会失去孩子的尊重，等到他们犯错的时候也不会服从家长的管教。

这样说不无道理，但是也有父母提出了质疑，他们认为，家长如果经常板着一张脸，做事情一板一眼，家里的气氛肯定会非常压抑，表面上看起来孩子好像是尊重父母，服从管教，但其实心里并不这么想，这样会疏远亲子之间的关系，也会使得孩子变得敏感和悲观。

一直以来，在亲子教育上，我们所强调的都是要以宽容理解为重，不能强迫，不能命令，更不能打，要站在孩子的角度看待问题，要重视孩子的感受，也要和孩子成为朋友，要心平气和，要讲究方法。并且对于小一点的孩子来说，相比于学习，释放天性更加重要，很多事情不用说得太深、太严肃。

于是，一些家长深谙此道并将之过度运用，和孩子相处时、教育孩子时，为避免孩子抵触，总是试图营造出轻松欢快的气氛，或者觉得孩子不能理解，常常点到为止，甚至草草了事。

孩子是"活力"的代名词，他们思想活跃、情绪多变、情感充沛并充满好奇心和探索精神。但认知能力发育不够完善，对很多事情不能理解，如果一味地用严肃的态度和条条框框来约束，并不利于孩子的成长和发展，而在轻松的氛围中，使用孩子喜欢的方式进行教育，是能取得很好的效果的。比如孩子摔倒了，你可以很温柔地告诉他这没什么大不了的，可以讲故事、讲笑话逗他开心，转移他的注意力。但若是对所有的事情都宽松对待，一味地用和善的态度去处理，并不可行。

　　淘淘的爸爸妈妈在她很小的时候就离婚了，淘淘的妈妈总是觉得自己亏欠孩子，再加上她本身就觉得教育孩子要用爱来感化，不能使用暴力手段，所以对待淘淘格外宽容，连一句重话都舍不得说她。

　　平常在家里，淘淘不小心弄坏一个东西，或者伸手打姥姥一下，淘淘妈妈都不怎么在意，觉得孩子还小，不过是觉得好玩，等长大了自然会好，而且就算说了孩子也不一定能懂。因此最多也就是说一句"淘淘你可不能这样了啊！""不可以没大没小，再淘气妈妈就要生气了！"之类的话，但也从未真的动过怒。

　　一天，妈妈带着淘淘到小区的小广场上玩，看到一群孩子玩得很和谐，家长们就到一旁聊天去了。可是没一会儿，一个小男孩就哇哇大哭起来。正在聊天的家长们瞬间慌了神，都过去看自己的孩子。

　　经过询问，才知道原来是淘淘刚一过去就打了小男孩一拳，还说人家是"小竹竿"。男孩的奶奶就想让淘淘给男孩道个歉，但是淘淘妈妈却打着马虎眼将事情遮掩了过去："哎呀！小孩子间打打闹闹的多正常，大人干涉反倒会影响了他们的友谊，咱都别那么较真，回头我好好教育教育淘淘。"

　　淘淘妈妈嘴上虽然说着教育，但回到家却只跟淘淘说："我的小祖宗，你能不能别这么淘气？你说你打他干什么，人家那么金贵，你看看当时给妈妈挤兑的。"淘淘当时扑哧一声就笑了出来。

　　这样的结果就是淘淘越来越肆无忌惮，随手打人的毛病越来越严重，导致最后没有其他孩子愿意和她玩。

淘淘打人，这本身就是不对的，是原则性的问题，但是淘淘的妈妈却不当回事，还以年龄小为由为孩子开脱，并用漫不经心的，甚至带有玩笑意味的话跟孩子讨论这件事情，从而使得淘淘越来越放肆。

如果一件事情，家长自己都不当回事儿，又怎么能期望孩子认真对待呢？

教育孩子要以理解宽容为主，多些宠爱也无妨，但是该严肃时必须严肃。在孩子犯了原则性错误或者举动不合时宜的情况下，家长一定要认真对待，既要指出孩子的错误之处，又要告诉他为什么是错的，应该怎样去做，这样才有助于孩子形成正确的是非观、价值观。否则只会让孩子越来越没有底线，最终也会害了自己。

教育中，宽松、理解和严肃从来都不是对立的，而是相互依存，相互配合的。

数学家苏步青老师培养了一批国内顶尖的学者，他在总结自己的教学经验时说，自己教学有一个特点就是"严格"。

有一次，一个学生半夜跑到苏步青老师的家里，说："明天的讨论会由我做报告，我怕过不了关，想来问先生……"话没说完，苏老师板起脸说："怎么不早来！临时抱佛脚，还能有个好！"此后，这个学生在学习上开始苦下功夫，不再偷懒，最终成为一名声望很高的数学老师。

平常和蔼可亲的苏老师一旦到了学习上，立马变得严肃起来："你作业做不出来，或者想偷懒，我都不原谅。"他的学生们也深知老师的脾性，所以不管平常和老师多亲近，到了学习上却一点都不敢含糊。

家庭教育也是如此，既需要睁一只眼闭一只眼的时候，也需要下狠劲儿的时候。随性时可以和孩子打成一片，但是该严肃时一定要摆好姿态。

好的家庭教育是什么样的？没有人能说明白。但是好的家庭教育有一个共同点，那就是父母在大部分时间里都是和善、宽容、好说话的。也正是因为如此，他们不会轻易严肃，而一旦他们严肃起来，或者说的话稍微重了些，孩子就一定会认真对待。

现在大多数的父母由于对孩子的爱、对孩子个性的把握不准确以及对教育的不了解，对待孩子往往不是宽容过度就是喜欢通过发脾气来处理问题，这都是不合理的。

教育在于细节，严格在于行动。父母既要和孩子成为朋友，放下家长的权威，也要在一些重要事情上亮明底线，用严肃的态度告诉孩子何为何不为。对于一些重要问题，一定要严肃起来，不要觉得没必要或者孩子听不懂、不愿意听，就不去这样做。

当然，严肃也并不意味着就要板着脸，一本正经地讲大道理，有的时候，严肃也是一种化解亲子危机的方法。

　　有一次我去表姐家里，正好她有些工作没做完，就让我在家陪着外甥女，她到公司加个班。外甥女本来好好的，一听说妈妈要出去，立马开始大哭起来，说什么也不让妈妈走。我尝试用故事书、手机游戏、买糖果等各种方法来吸引她，但都无济于事。

　　万般无奈下，表姐深吸了一口气，坐在沙发上将还在哽咽的外甥女揽了过来，然后摸着她的肩膀，问道："你哭是因为妈妈要去上班吗？"外甥女含泪点了点头。"那你知道妈妈为什么要去上班吗？"外甥女摇了摇头。表姐继续说："还记得你上次没写完作业被老师批评吗？妈妈也有作业，如果不赶快写完，我也会被骂的。"外甥女仰起头问："那妈妈你现在是要去写你的作业吗？"表姐看着外甥女的眼睛非常认真地回答："是的，妈妈要去完成自己的作业，而且这个作业非常重要，如果能有你的支持，妈妈一定能做得更好。"外甥女听了，居然非常乖巧地走到了我身边跟表姐说："妈妈你去忙吧，我在家里跟小姨玩，等你回来，你一定要把作业写好啊。"

看到女儿这么善解人意，表姐欣慰极了，捧起外甥女的小脸狠狠亲了一口。

其实严肃，不是表面的严厉，更多的是内心的重视。

父母在教育孩子时，往往会习惯性地偷懒，觉得这个没必要告诉孩子，那个解释了他也听不懂。更确切地说，家长还是在潜意识里把孩子当作"孩子"来对待，认为很多事情不需要告诉他们缘由，没必要向他们说明情况，他们要做的就是听大人的话而已。说到底，这就是对孩子的不尊重、不重视。

就像例子中的情景一样，开始"我"和表姐使了浑身解数想要吸引孩子的注意力，好让表姐顺利去上班，却都无济于事，这是因为当孩子知道妈妈要离开时，她不明所以，心里会非常失落和不安。而这时"我"却不能理解她的感受，也没有为她答疑解惑，反而用一些无关紧要的事情企图让她乖乖听话，这就会让她产生一种被忽视的感觉，甚至会怀疑妈妈是不是不爱自己了。如果这时候，表姐再大发脾气，用愤怒和呵斥来达到目的，必定会引发孩子更多的负面情绪。好在，表姐感觉到了孩子的内心所需，转而使用了孩子听得懂的语言，认真地解释了自己要去做什么。

表姐的话让外甥女知道了去做那项工作的必要性，并且这项工作的完成还需要她的支持，这就会让她产生一种责任感、成就感——如果妈妈因为我的支持把"作业"完成得很好，那真是太棒了。同时表姐的态度也让她知道，妈妈现在不陪她玩，并不是不爱她，不重视她。因此，她内心的不安就消失了，也就不会再通过大吵大闹来吸引妈妈的注意。

表姐并没有摆出非常严肃的表情，郑重其事地告诉孩子她必须要去完成工作，只是把孩子当成大人一样，认真解释了一番，就获得了孩子的理解和支持。所以，不要总把孩子当成"孩子"，很多事情父母严肃一些，孩子也能听懂，重要的是那份对孩子重视的心。如果你足够尊重和重视孩子，就算事情再复杂，你也一定能够找到让他理解的方法。

而孩子如果感觉到了你对他的重视，理解了事情的重要性，他就会瞬间变得懂事，不再任性。

"一张一弛，文武之道也。"宽严有度的教育，会让亲子之间更和谐友爱，也会让孩子的行为更加规范。

孩子发脾气，你应该感到高兴才对

人们常说，孩子是上天派到人间的小天使，给无数个家庭带去了幸福和欢乐。然而这种幸福和快乐的感觉大都在孩子不发脾气的时候才会有。如果你见识过一个跺脚、大叫、哭嚎甚至摔东西的孩子后，恐怕就很难再将他与小天使联系起来了。

孩子发脾气，一直以来都是父母们的噩梦，尤其是在公共场合的哭闹，就更是灾难般的存在。常常听到大人们对小孩子发脾气的吐槽，动不动就又哭又叫，好像家人都跟他有仇似的；说什么都听不进去，倔得像头驴；自己没理也能嚷嚷得全世界都能听到……

是啊，小孩发脾气时真是太不可爱了，但这却也是一种正常表现，如果孩子不会或者不敢发脾气，那才是真的有问题了。

宁宁的妈妈生于书香门第，自小就被父母教导女孩子要温柔大方，不能随便发脾气，大声说话。宁宁的妈妈深以为然，也给宁宁提出了同样的要求。

但是由于个人喜好不同，再加上社会、家庭环境的变化，宁宁并不想成为妈妈那样的淑女，但又不敢反抗，只好默默压抑着自己，按照妈妈的喜好行事。

她很少大声吵嚷，也几乎不发脾气。在外人眼中，宁宁就是一个温柔恬静的乖乖女，也是大人们口中孩子们的榜样。

然而，就是这样的宁宁，不久前却差点自杀。起因就是她和妈妈在一件事情上产生了分歧，但是妈妈却完全不顾及她的感受一意孤行，宁宁受不了就叫嚷了一句，然后妈妈就抓住这句话一直教育宁宁不像个女孩子的样子，大吵大闹太不像话。宁宁有气无处撒，再加上之前的种种负面情绪积压得太多，一气之下就想不开喝了安眠药，好在发现及时并没有酿成悲剧。

宁宁之所以做出这样极端的事，就是因为她不懂得更不敢释放负面情绪，时间长了，负面情绪堆积到了一定程度就把她压垮了。

大人们往往会在潜意识里给孩子的情绪表现划分出好坏，高兴、积极、活泼就是好的，哭闹、愤怒就是不好的。但客观上，喜、怒、哀、乐都是人之常情，愤怒时发脾气、高兴时哈哈大笑、悲伤时掩面痛哭的性质是一样的，不过是情绪表现的一种方式。

任何一种情绪都是孩子对于世界的反应，都是应该被接受的，尤其是"坏情绪"更不该被压抑和遏制。当你为孩子大哭大闹而感到心烦时，或许不会想到这些情绪如果不释放出来，将来可能就会成为导致孩子抑郁的主因；当你因孩子的横眉冷对感到心寒时，或许没有想过如果他假装顺从，那背后的不甘愿可能会成为压垮他的最后一根稻草。

"坏"的情绪若是长期积压在体内，带来的危害不言而喻。有研究指出，童年里过度的消沉、没有光彩的人成年后患抑郁症的概率更大。这是因为总是积压情绪的人本质上就是缺乏调节情绪的能力，这样就很容易让情绪吞噬自己。就像例子中的宁宁，在长期的压抑之后，选择了极端方式去排解。

发脾气虽然并不是一种好的排解渠道，但却能够让孩子的情绪被看见，让不良情绪快速释放出去，减轻孩子的心理负重。这一点就能表明，孩子发脾气，不尽然都是坏处。

当然，我们并不是要鼓励家长放任孩子发脾气，而是希望家长能够客观地看待孩子发脾气这件事情，进而做出合适的反应并给予引导。

家长之所以对于孩子发脾气感到头疼烦恼，其实并不是恐惧发脾气本身，而是因为没有好的应对方式，不知道如何面对正在发脾气的孩子。而要想明确这一点，我们首先就要了解孩子发脾气背后的动机。

很多父母都有这样的感受，觉得自己的孩子一直以来都很温和，到了某个年龄段就突然开始变得异常暴躁起来。家长们习惯性地会把孩子发脾气定义为"动不动""没事找事""突然间"，但实际上孩子发脾气都是有迹可循的。各个年龄段都有爱发脾气的孩子，从出生到成年，孩子的身体、大脑以及各种能力都是在不断完善的，这种情况下，由于多种因素的综合作用，孩子的情绪很容易失控，而这背后隐藏的是孩子更深层次的需求。

2岁以下的孩子自我意识在悄悄萌芽，他们有了独立做事的意识，但能力不足，对自我和他人的概念不清楚，也很难和父母进行言语沟通，所以哭闹就成了惯常的情绪表达方式。比如，口渴了想要喝水，但是大人没有发觉，就会大哭；累了想睡觉了，但是因为某些原因睡不了也会哭闹……

2岁到4岁，孩子的独立意识更强，渴望获得更多的自主权；同时，在自行安排自己事务的过程中，他们又有了强烈的秩序感。这一时期的孩子发脾气，多半就是因为自我秩序被打破。

这个阶段的孩子不仅在构建自己的内在秩序方面很敏感，而且对外在秩序也一样，一旦自己的秩序被破坏，就会感到不舒服，进而就会发脾气。比如，想要先穿衬衫再穿裤子，如果顺序反了就会着急；想要先吃巧克力再吃饭，如果被反对，就会哭闹。

4岁到8岁，孩子的自我意识在增强的同时，自尊心也会越来越强。这个阶段的发脾气，一般都是为了维护自尊心。一方面，他们迫切地想要独立做好很多事情来证明自己，但另一方面抗挫折和解决问题的能力尚且不够，所以一旦他们自己想做的事情不顺利时，就很容易会"情绪暴走"。

8岁以后，孩子会明显感到自己已经长大，觉得自己应该决定自己的一切。这一时期，生活被干预是他们发脾气的主要原因。孩子想要维护自我决定权，不想受到约束，一旦这样的想法遭到质疑，就很容易失控。尤其是进入青春期以后，孩子的自主意识更加强烈，甚至会产生唯我独尊的感觉，认为和自己意见不同的都是在故意和自己作对，为了维护自己的权威，就会变得极度暴躁。

当然了，不同的阶段，不同的情形，孩子的想法和状态也是不同的。但一般情况下，不外乎需求未得到满足、感觉到被强迫或被干预等几种原因，并且只要孩子的行为在可控范围之内（没有出现严重暴力情形），就是正常的。

从某个角度来说，发脾气是一种敢于表达自我、坚持自我、自尊自爱的表现。生活中我们压制自身的情绪的原因，往往是因为害怕、讨好或顾及他人感受，这就意味着在当时的情形下，我们是以他人的感受为主，而选择委屈自己。而敢于发脾气就意味着，更注重自身感受，更懂得自爱和坚持自我想法。

另一方面，家长们还应该知道，孩子发脾气在任性、施压之外，其实更多的是求救，是在表达对父母的信任。

面对孩子发脾气，大部分父母的想法可能都是：他在用偏激的、暴躁的方式跟我对抗，想让我拿他没办法，最后顺从于他。

然而，从心理学的角度来看，发脾气其实是人脆弱的一种表现。我们不妨这样来想，人在什么情况下才会发脾气呢？遇到问题处理不了的时候，被人误解的时候，遇到突发状况的时候……总之是在某种情形下，没有好的办法去缓解自己当时的处境时才会选择发脾气。

有句话说，越是没本事的人脾气越大。没本事的人之所以脾气大，就是因为他们遇到问题时没有能力去解决，只能靠发泄情绪来获得一丝丝快感或者引起他人注意。也就是说，一个人只有无计可施时，才会将自己最糟糕、最失控的一面展现出来。

从这一层面来讲，孩子发脾气，其实就是遇到难题了，自己没办法解决了，只能通过这样的方式来吸引父母的注意，看似张牙舞爪的样子，其实潜台词却是："爸爸妈妈，快点帮帮我吧，我好难受，但是又不知道该怎么办。"

而孩子之所以在父母面前脾气更大，就是源于对父母的依赖和信任。孩子把父母当作唯一的依靠，相信父母对自己的爱，觉得无论自己表现出什么样，父母也不会抛弃自己，所以才敢把最无助、最癫狂的一面展现出来。很多孩子在外人面前往往表现出温顺乖巧的模样，但一看到自己的父母就马上"暴露本性"，也正是这个原因。

如果你的孩子也是这样，那么你应该感到的是庆幸而不是烦恼，因为这最起码表明孩子是信任父母，是愿意跟父母交心的。若孩子连脾气都不敢在你面前发，那才是真的出了问题。

正如作家雷布斯所说："孩子冲你发脾气，是想让你走进他的内心解决问题，我们应该高兴才是。"

所以，面对发脾气的孩子，只要他没有做出出格行为，父母最应该做的并不是制止，而是接受他的情绪并安慰，只有这样才能尽快让孩子平静下来，而制止只会让事情变得更糟糕。然而，生活中家长们最常采取的行动就是制止，并且在制止时往往不计后果，会采取辱骂、暴力的方式，这就会直接影响孩子未来性格形成、心理健康以及人际交往。

演员陈乔恩就曾在一档综艺节目上透露自己小时候一发脾气就会被妈妈打，这样的经历给她的心里留下了很大的阴影，导致她很长一段时间不敢多说话，也不敢主动交朋友，甚至差点自闭。

心理学博士大卫·苏珊就曾提出：一个人的情商与其情绪敏感力有着密切联系，情绪敏感力高者，情商往往也很高，反之，情商较低。而一个人情绪敏感力的高低，主要取决于小时候他释放情感时，父母对他的态度。换言之，孩子情绪爆发时家长如何回应，直接影响了孩子情商的高低。

发脾气是生命成长过程中的正常现象。因为只有通过此方式，他们才能暴露出自己的各种问题，包括不正确的观念、不合适的发泄方式、不够全面的认知等，家长也才能据此进行相应的教育，进而让孩子学会如何控制情绪，如何应对挫折。

孩子发脾气时，父母要先接纳，然后要了解孩子的真正需求，陪孩子一起解决它。

让孩子把心里的委屈说出来

偶然间听到一个故事，感触颇深。

我上初中时，同桌是一个类似小混混一样的人，我的父母教给我的待人准则是不要去招惹别人，不要和乱七八糟的人来往。所以，我一直都和他保持适当距离。

直到有一天，同桌和别人打了架，身上受了伤，回到家后他妈妈看到了，问是怎么回事，同桌却说是被我欺负的。

同桌的家里是做生意的，他的爸爸妈妈很少在家里，也极少关心他，对他的印象仍停留在很久以前的乖孩子形象，所以当同桌这样说时，他的妈妈毫不怀疑地相信了，并到学校告诉了班主任。

班主任把我喊到办公室，当着同桌妈妈的面问是不是我欺负了同桌，我很肯定地说我没有，可不知为什么她怎么都不信，最后还把我的爸爸叫了过来。

看到爸爸的那一瞬间，我感觉又看到了希望，我期望爸爸相信我，相信他的孩子不是那样的人。然而，爸爸看到我的第一件事情，就是打了我一巴掌。我委屈极了，但我还是跟爸爸说我没有欺负任何人，爸爸却怒吼着："还在嘴硬，那他为什么不污蔑别人就污蔑你？"接着又打了我一巴掌。

最后班主任让爸爸把我带回家，并说如果再有这种情况发生，就把我开除。爸爸在一旁赔着笑，提溜着我走出了门。回到家，爸爸又拿出皮鞭要抽我，嘴里嚷着知道我们把你送进那所学校有多不容易吗？妈妈听到声响走出来，听完爸爸的叙述，也说我该打。

我绝望极了，心里不停地问自己为什么没有人愿意相信我呢？就连我的父母也宁愿相信外人的话，也不相信自己的孩子。那时候，我多么希望有一个人能站在我的身后为我主持正义，但可惜，并没有。

从那之后，我开始封闭自己，在学校极少跟同学交流，回到家也几乎不跟父母说话。因为我觉得没有人会理解我，也没有人愿意关心我，包括我的父母。

听完这个故事，我只觉得满满的心疼，那样一个纯真的孩子却在小小的年纪里承受了太多的恶意，而这些恶意竟还有一部分来自父母。

有的人说，看情况他的父母也是迫不得已，为了孩子的前途，不能得罪老师和学校，只能顺水推舟责怪自己的孩子以寻求安稳。

的确，这个孩子的父母是有难言之隐，但这并不是无视孩子情绪、冤枉孩子的理由，因为他们明明可以选择更好的方式去处理问题。面对孩子的不承认和班主任的威胁，他们可以明面上客套几句，回到家里再对孩子表示信任和安慰，并告诉孩子这样做是迫不得已的。或者采取更直接的方式——向上级领导反映或带孩子转学，毕竟一个有名气的学校和一个开朗健康的孩子相比，后者要重要得多。但是，他们并没有这样做，而是打着"为孩子的前途着想"的旗号，选择了最偷懒的一种方式，从而重重地伤害了自己的孩子。

对比这个小男孩，儿童文学作家郑渊洁笔下的女孩梁新就幸运得多。

在学校里，小新被怀疑偷钱，并且有好几个学生作证，但小新还是一口咬定自己没有偷。老师几番劝诚未果，就拿出了撒手锏："你要是不交代，我就通知你家长来。"

让人没想到的是，听了老师的话，小新当着全班人的面不卑不亢地说道："你们把我爸爸叫来，我正好告诉他你们冤枉我。"

小新话一出口，老师都惊呆了——他还从没见过不怕被叫家长的学生。

类似的情形，却有着完全不同的结局。

在孩子的心中，父母是最值得信任和依赖的人，只要父母和他们站在一条战线上，即使所有人都和他们站在对立面，他们也会有无限的勇气和信心，因为他知道无论如何，父母都会站在自己的身后支持和守护自己。

小新的底气，就是来源于父母的信任，不管遇到什么样的质疑和困难，她都无条件地相信，父母一定能够帮自己解决问题、伸张正义。

或许有人会感到疑惑，若是父母总给孩子出头，孩子会不会一遇到困难就退缩转而寻求父母的帮助，这样的话，他将来又怎么能独立生活呢？

事实上，孩子受了委屈找父母，并不一定是要父母帮他们出头，帮他们解决问题，很多时候他们只是想要在父母这里寻求安慰，确定自己是有人爱的，是不会被抛弃的。换句话说，父母给予孩子的主要是精神上的支撑，是一种信念，是爱的力量，这种力量会支撑他们在以后的生活中再遇到挫折和困难时，即使无法得到父母的帮助，也能够自己面对和解决。

正如心理学家戴·埃尔金德所说，孩子们最需要知道的是，他们对父母很重要，永远都被爱围绕。有了最亲近的人的支持和信任，孩子就会有足够的安全感和自信心，这些能够促使他们内心更加坚定，能够勇敢地直面所有人的质疑，能够战胜人生路上的种种挑战。如梁新一样，我们有理由相信，未来她再遇到同样的污蔑和不公时，也依旧会勇敢地站出来，采取适当的方法维护自己的权益。

相反，若是最亲近的人都不相信自己，孩子就会失去最后的护盾，再遇到同样的情况时，他既不敢跟父母倾诉，自己也往往因为恐惧而不知所措。就像开篇故事中的那个男孩，他之所以封闭自己，不再与人交流，就是因为内心最后一点美好都已经被父母的不信任打破，他感受到的更多的是来自这个世界的恶意。而面对这些恶意，他只会感到无能为力，进而自怨自艾，而不是站出来，勇敢地去面对，去想方设法地解决问题。

弱小无助的孩子受了委屈后，出于信任和依赖，本能反应就是找爸妈，然后通过父母与他人的交涉来解决问题，或者仅仅是想获得被信任被呵护的感觉，以释放心中的郁闷不快。若父母用冷漠、嘲笑、责备的态度回应他们，慢慢地他们就会对父母失去信任，再遇到事情也会憋在心里不敢跟父母说。

在很多讨论亲子问题的网页、论坛中，都会看到这样一个问题：如果你受了委屈、遇到了麻烦，会跟父母诉说吗？

其中有一个回答是这么说的：小时候说了可能会挨骂，长大了说又没什么用，成年之后就更不方便了，免得给他们平添烦恼。

短短两行字，却深刻地点出了孩子与父母之间沟通存在的问题，让人既抓心又觉无奈。孩子受了委屈就找父母，这么一件天经地义的事情，却因为父母不恰当的回应而变成了这般情形。

如果你开始觉得孩子越来越沉默，从来不主动跟你聊他在外面发生的事情，那很大可能是因为曾经孩子在跟你交流时，你使用了不恰当的表情、语气、言辞等，让他觉得你根本不关心他，对他的事情没兴趣。

如果你意识到好像孩子受了委屈、遇到了不好的事情总是默默忍受，不找你倾诉，那一定是曾经孩子找你诉苦时，你的做法让他觉得"下次这种事要是让爸妈知道就惨了"。

那些被别人诬陷也得不到父母信任的孩子，那些在外面受了欺负，回到家还要被父母骂"没用"的孩子，那些主动承认错误却被父母一味责骂的孩子，他们的内心该是怎样的无力和绝望？

而对于一些心理承受能力较差的孩子来说，这种绝望甚至能将他们压垮，如果不能及时找到他人或者合适的途径帮助他们排解，后果将不堪设想。

曾看到这样一则新闻：

一个八九岁的孩子，因为打破了别人的玻璃害怕被父母责备，在留下一封遗书后，选择从高楼一跃而下，结束了自己含苞待放的生命。

他在遗书中用稚嫩的字体写道："我知道自己做错了事情，你们不会原谅我，所以我走了。"

其实，打破玻璃不是多大的事儿，为什么对于这个孩子来说却这么不可饶恕呢？最大的可能，就是他曾经因为一点点小的错误而受到了家长严厉的惩罚，使得他再遇到这样的情况，就好像天塌了一样。

归根结底，是家长的不理解、不负责导致了这样的悲剧。孩子刚开始做了什么不好的事情时，他是没有概念的，只能依据身边人的反应来推测事情的严重程度。换个角度来说，或许正是父母的激烈反应和不容分说，导致了孩子对于某些小事反应过度。

大人们似乎不会明白，很多微不足道的小事，对于年幼无知的孩子来说都是极其重大的。在他们第一次遇到比较糟糕的状况时，必然会惊慌失措，会恐惧。如果父母能注意到他们的这种心理，进而给予正确的引导，让他们知道这些都没什么大不了的，都是可以解决的，并且父母会跟他们站在一条战线上，帮助和支持他们，这样以后再遇到类似的状况他们就不会再那样慌乱害怕、小题大做了。

最重要的是，让孩子恐惧不安的情绪先释放出来。

看到一个母亲在网上的发问：孩子在学校被欺负了，我一直让她从自己身上找原因，别总是把责任推给别人，我这么做，有错吗？

从理性的角度来说，这样做并没有错。因为很多事情的发生，并不是单方面的原因，让孩子从自己身上找原因也是解决问题的一种方式。但是母亲身份的特殊性，决定了这种做法是不合理的。换言之，如果其他人在孩子受了欺负时这样教育是没错的，但是作为父母，首先要做的是安慰。

父母是孩子的最后一道防线，他在学校被人欺负了，如果就连父母也不去安慰，只顾冷冰冰地教育，他的内心势必会更加无助和害怕，这样导致的后果不言而喻。所以，孩子心里如果有委屈，就不要管其他，先让他痛痛快快地说出来才是最重要的。

父母要教育孩子，更应该毫无理由地成为孩子坚强的后盾。

平等沟通的技巧是假装自己是孩子

听到过很多妈妈的这样的疑惑和抱怨：

"为什么孩子什么都不愿意跟我说？"

"我这么担心他，他却一点都不在意，一句话也不想跟我讲。"

"为什么孩子就不能理解做父母的苦心呢？跟父母好好说话就那么困难吗？"

"感觉孩子越大离自己越远，以前还会和我聊聊天，现在一回来就把自己关在屋里，想想小时候……哎！"

"孩子不愿意跟家人说心里话，一跟父母聊天就不耐烦"，是不少父母们面临的难题。

某教育机构曾在线上随机对 100 个学生（初中及初中以下）及他们的家长就"亲子沟通"的问题进行问卷调查，结果让人意外。

调查结果显示，所有的学生都认为父母是爱自己的，但 76% 的学生认为父母教育的方式并不正确。

在"面对如此爱自己的父母，有多少孩子愿意和家长说心里话呢？"这个问题上，70% 的孩子回答是否定的；而面对同样的问题，64% 的家长却认为孩子会和自己说心里话。

明明知道父母是爱自己的，可是，为什么孩子还要禁闭自己的心？

76%的学生表示，父母太过强势，只会关心学习，从不在乎他们的内心，还总是干涉他们的个人空间；75%的家长都表示，自己也希望拉近和孩子的心灵距离，平时也会主动和孩子交谈；部分家长还说道，他们所关心的学习、生活问题恰恰是孩子所反感的，再加上有时候由于迫切地想了解孩子，而没有注意说话的方式和语气，最终的结果往往是不欢而散，把孩子推得越来越远。

可见，孩子不愿意与父母交心，并不是讨厌父母本身，而是因为他不认同父母的教育方式，认为父母不了解自己，不是真正地关心自己，在和他们沟通的过程中，感觉不到被平等对待、被尊重，总有一种压迫感。一部分没有意识到这个问题的父母，仍旧一厢情愿地认为孩子有什么事情就会跟自己说，不主动关心孩子的情况，殊不知孩子已经悄悄关上了心门。而另一部分父母，即使知道了原因，也不知何解，只能眼睁睁地看着孩子将自己拒之门外而焦急不已。

实际上，孩子与父母尤其是与母亲之间，因为血缘和哺育的关系，存在着天然的爱和信任。婴幼儿时期，是孩子与妈妈最为亲近的一段时间，这时候，人脑中进行理性思维，控制各种认知机能的大脑皮层刚刚开始发育，起主导作用的脑结构为爬行脑（控制本能性行为和反应）和情绪脑（主导情绪情感），而两者中情绪脑又占主导地位。

这种情况下，孩子自我意识衰微，但有着丰富的情绪、情感以及感知能力，因而对亲近自己的人（一般为母亲）尤为信任和依赖。

然而，随着年龄的增长，大脑的发育和生活经验的增加，孩子在身体成长的同时，心智也会越来越成熟，认知能力越来越强，独立意识觉醒并逐渐加深，心理也在不断发生变化；而妈妈对孩子的了解却仍旧停留在过去，认为孩子和自己最亲近，跟孩子交流可以随心所欲，不用注意什么。矛盾也就由此展开，发展到最后就是妈妈越来越想靠近孩子，孩子却越来越逃避妈妈的关心，本该亲密无间的母子，却形同陌路。

那么，妈妈究竟该怎么做，才能缩短与孩子之间的距离，实现顺畅的、平等的沟通呢？

首先，要先从外在的形式开始改变，尤其对于低幼孩童，这一点非常重要。

不久前，一个朋友对我抱怨道："也不知道怎么回事，女儿跟我越来越不亲了，反而特别喜欢跟隔壁的一个阿姨聊天玩耍。"

"那你有没有见过她们在一块相处的情景？"我问道。

朋友听了摇了摇头。

后来，朋友跟我说，她终于明白怎么回事了，那个阿姨在跟小朋友聊天时，总是俯下身来和孩子一般高度，孩子说话时，她就温柔地看着孩子的眼睛，全神贯注地听着，时而鼓掌，时而用力地点头，时而搓搓孩子的小手，就好像一个大姐姐一样。

放下身段，放下作为家长的权威，跟孩子在一起时，你也应该是一个孩子，正如著名教育家陶行知先生所说，我们必须会变成小孩子，才配做小孩子的先生。

当你以孩子的姿态、孩子的视角去跟孩子交流时，孩子会觉得轻松自在，能感受到你对他的重视和爱，才会更愿意对你坦露心声，毫无负担地展现他最真实的一面。

而外在姿态的降低也能使父母的心理状态发生变化，能够把孩子当成一个独立的个体，自觉地给孩子更多的尊重，比如不打断孩子的话、不轻易否定孩子的观点等。

当然，外在姿态的改变只是表面，想要真正实现与孩子的平等沟通，就需要了解孩子的心理。

其实，孩子和成人一样，他们的所想及所作所为，都是围绕着三种心理感受展开的：其一是安全感；其二是自主感；其三是价值感。三种感觉相互依存，相辅相成。

孩子所需要的安全感相较于成人更为简单一些，主要是对亲情、家庭的归属感，即父母要让孩子感觉到被爱、被尊重、被呵护；自主感，是要让孩子感觉到他是自由的，他可以自己决定一些行为和事情；价值感，是指要让孩子感觉到自己的价值，主要通过完成或胜任某些事情获取。

著名心理学家德西认为，这三种心理需要被满足时，孩子的外在动机会向内在动机转化，并能拥有较高的幸福感，呈现出积极的状态；反之，孩子就会出现各种各样的问题。这三种心理需要就是打开孩子内心的钥匙，如果妈妈在与孩子沟通时，能够较好地契合这三种心理需要，亲子沟通就会意外地顺畅、高效。

安全感：澳大利亚的一位心理学家曾将人与人之间的互动回应分为四个类型，分别为主动破坏性的回应、被动破坏性的回应、被动建设性的回应和主动建设性的回应。其中主动建设性回应是一种积极的、令人感到愉快的回应方式，其强调的就是安全感的建设。

举例来说，放学后，孩子拿着一张试卷，兴高采烈地告诉你："妈妈，你看我今天考试得了全班第二！"

如果你说："全班第二又有什么了不起的，有本事考个全校第一！"这就是主动破坏性的回应，尽管你主动回应了孩子，但传达出的信息却是消极的，无异于给兴奋的孩子泼了一盆冷水，孩子从中获取的是"不安全感"。如果妈妈常用这样的回应方式，孩子就会抗拒沟通。

如果你故意转移话题："你作业写完了吗？就在这洋洋得意。"这是被动破坏性的回应。你直接忽视了孩子传达的信息，让孩子感受到的是"不被在乎和尊重"，彻底失去了和你沟通的兴趣。

如果你一边忙着自己的事情一边语气平淡地说了声："哦，我知道了，考得不错。"这是被动建设性的回应。尽管回应中有鼓励，但是冷漠的语气和态度却削弱了信息的积极性，孩子从中获得的安全感是极其衰微的，他可能不排斥与你沟通，但绝对不会主动与你沟通。

如果你拿过孩子的试卷，高兴地说道："哇，你真是太棒了！"接着询问他细节："老师有没有表扬你啊？这道题你怎么想到这么做的啊？快跟妈妈说说。"这是主动建设性回应，孩子从中可以获取充足的安全感，会乐于并期待与你沟通。

自主感：生活中，妈妈会常碰到一种情况，即你想让孩子做一件事情，可孩子偏偏要做另一件事情。对于妈妈的安排，孩子极其排斥，就是因为他的自主感没有得到满足。

晚上睡觉前，儿子在聚精会神地玩他的一众玩具，我喊了好几声"该睡觉了，宝贝"，他都无动于衷。突然间，我想起几天前看的一篇文章，于是照猫画虎学着上面的做法说道："还有十分钟就到睡觉时间了，宝贝，你不再看会儿你最喜欢的故事书了吗？"

没想到，这招还挺管用，孩子放下积木找到故事书看了起来，其间他还不停地瞄着自己手腕上的手表，过了一会，他就自己爬上了小床，说了句"妈妈晚安"。

儿子的这一系列操作，让我大吃了一惊。

相比于被安排，孩子更喜欢自主安排；相比于命令，孩子更喜欢建议。在和孩子沟通的过程中，妈妈应该是倾听者的身份，把话语权较多地交给孩子，给出选择而非命令和质问，让孩子自己做主，既满足了他的自主感，又可以将其行为控制在一定的范围内。

至于价值感，可以看作是安全感和自主感的结合，当孩子自主完成一件事情，并因此获得奖赏时，他的价值感就会爆棚。

　　总之，只要在沟通时能够满足孩子对安全感和自主感的需求，你就能走进孩子的内心世界，拉近和孩子的距离。

第三章

寻找话题：孩子都有表达欲，关键是让他愿意和你说

你知道孩子们都在聊什么吗

网上看到一个母亲的吐槽，她是这么说的：

> 和孩子的好朋友调侃了孩子几句"太胖了"，孩子就闹，说自己自卑了，现在的孩子是不是太脆弱了？

暂且不说这位母亲的做法多么不合理，就她的提问而言，她绝对是一个不懂得教育更不了解自己孩子的妈妈。

理性地说，父母绝不应该在外貌上调侃孩子，可以给建议给方法，但是不能调侃。其次就算是无意间做了这样的事，孩子听到后主动表示不要这样，否则自己会自卑，那么父母最应该做的是什么？是道歉以及反思，然后思考为什么孩子会因此而感到自卑。总之，像例子中这位母亲的反应，只能说明她压根不理解孩子的心理。

为什么和孩子的好朋友说孩子"胖"，孩子会有这么大的反应呢？

孩子虽小，但是自尊心很强，好面子程度一点也不亚于成年人。妈妈跟他的好朋友调侃他不好的一面，无疑会让他感觉在朋友面前出了丑、丢了面子，这样他能不生气吗？

或者，她刚刚和自己的好朋友聊了自己喜欢的男孩，而妈妈的这番调侃让她萌发的少女情愫变得可悲又可笑，这样她能不自卑吗？

又或者，他在学校时也常常被说"胖"，已经非常自卑，而妈妈又和他的好朋友一起调侃，这无疑会让他觉得，所有人都在嘲笑他的"胖"，这样他能不那么大反应吗？

归根结底，就是这位妈妈对孩子的心理不够了解，才会问出这么荒唐的问题。

很多时候，父母觉得自己无法融入孩子的生活，感觉孩子在排斥自己的亲近，并不一定都是孩子的原因，更大的可能是父母根本没有用心去了解孩子，然后随便用一种方式就想走近孩子，所以被拒绝了。就像一些父母抱怨孩子不跟自己聊天，什么都不跟自己说，自己已经非常努力地想要和孩子交流，可孩子就是不理会。但是你问他一句，你知道你的孩子现在喜欢聊什么话题吗？你知道你的孩子都喜欢干些什么吗？他很大概率是不知道。因为他所谓的非常努力地想和孩子交流，很可能就是一句："乖儿子，在学校生活得还习惯吗？"

如果父母不知道孩子对什么感兴趣，不知道他们同龄人之间在聊什么，是很难和孩子进行顺畅的交流的。

一般来说，年龄较小的孩子，女孩多半对卡子、花草、小裙子、唱歌、跳舞等感兴趣，男孩多半对各种汽车、篮球、足球等感兴趣，抓住其中一个，再搭配恰当的表情、语言，就能很畅快地聊起来。

随着认知能力的发展，再加上接触的事物越来越多，孩子们聊的话题也会更具内容性和逻辑性，比如他们会讨论电视剧的剧情，会就某一新闻说出自己的观点，会聊自己的偶像、以后的梦想等。

初高中时期，孩子们处于青春期，少男少女的心思开始悄悄萌芽，他们会越来越关注自己的外表，接触更多关于情爱的文学或影视作品，同时对未来也会抱有更多幻想。当然，这一时期他们的思想更加成熟，对问题的思考也会更加深入，因此在聊天时既会聊一些毫无营养的内容，也会上升高度，聊一些深度话题。

当然了，不同的孩子具体情况是不同的，如果想要清楚地了解自家孩子的具体情况，观察必不可少。

　　记得小时候，有一段时间有部电视剧特别流行，我和我的小伙伴们也都特别喜欢看。有一天放学后，我们就到小卖部买了几张那个电视剧的贴画，将它们贴到了新书的书皮上，然后一起到我家写作业。

　　妈妈回来后，经过我们身边时看到了书皮上的贴画，问我们贴的这是什么，我刚想回答，就听妈妈说人家这书皮本来多好看啊，看你们贴得乱七八糟的。我和朋友听了，相视撇了一下嘴，没接妈妈的话茬，再问我们，我们也只嗯嗯啊啊地回应了。

　　例子中的这位妈妈，就是没有察觉到孩子们的聊天兴趣点。"我"和朋友的书皮上都贴了同样的贴画，这足以表明我们是喜欢这些贴画的，如果父母意识到了这一点，就能够很简单地挑起孩子感兴趣的话题。但是"我"的妈妈，却并没有仔细去看，也没有耐心听"我"说，就直接用自己的直观感受去评价，并且还是消极的评价，这自然会引起"我们"的反感。

　　孩子喜欢聊什么，喜欢做什么，其实很多时候都是显而易见的，关键在于父母有没有用心去发现、去琢磨。尤其是当他的朋友、同学到家里来做客的时候，多留意他们做了什么、说了什么，这些就是他们同龄人之间的共同话题，知道这些，就是和孩子们好好聊天的首要条件。

　　除了观察之外，也可以通过询问的方式进行了解，但要注意自己问的问题不能过大，也不能过于死板，不能让孩子觉得很无聊，没法回答。

　　在这里简单讲述两个有助于聊天展开下去的提问方法。第一种是交换式提问法。

　　父母们不妨回忆一下自己想了解孩子时，聊天的开场白是不是都是在提问题，比如"你今天在学校怎么样啊？""你最近学习如何啊？"等。这种情况下，虽然我们问得很恳切，但往往会得到孩子有些敷衍的回答。

所以我们就要换个思路，不直接问问题，而是先说一些好玩的事情来吸引孩子的注意力，然后在聊的过程中找机会问孩子一些相关的问题。

比如可以这么说："我最近看了个青春电影，里面的孩子课余时间都喜欢看《读者》《青年文摘》之类的杂志，你看过这些吗？有没有看到过特别好的文章？"

第二种就是开放式提问法。当然这种开放是相对性的，不能特别虚无缥缈，让孩子不知如何回答。

比如可以这样问："你平常都喜欢看什么类型的课外书？最近妈妈剧荒了，你能不能给我推荐几个？"

可能有的家长会说和孩子聊这些合适吗？接着又会担心，如果孩子回答了很多，这是不是意味着孩子光顾着玩，没有把心思用在学习上啊。

暂且不说会不会出现这样的情况，家长的这些想法就是不对的。的确，在青少年阶段，孩子的主要任务就是学习，但是不能仅仅是学习，玩也很重要。

简单来说，孩子的成长并不是一个简单的学习过程，而是要在充分感受生命的美好，享受内心的充盈的基础上，构建强大的内心世界，获得支撑自己独立生活的各项知识和技能。这就意味着"玩"也是非常重要的。

玩与学习并不对立，孩子可以从玩中获得对学习有帮助的内容和技能，也可以通过学习去增强玩的体验，在玩中学习，在学习中获得乐趣。另一方面，也只有通过这些与玩相关的话题，父母才能更快速地拉近和孩子的距离，了解孩子的生活和心理。

曾有位母亲就在网上吐槽，说自己和孩子的聊天特别无趣，大多时候都是关于学习的内容，而且总感觉孩子的态度特别冷淡。她说虽然自己和孩子经常聊天，但还是觉得彼此之间的距离很远。最后她呼吁各位妈妈多和孩子说"废话"。

这个"废话"就是与学习无关的，看起来似乎是没什么营养的内容，比如娱乐新闻、电影电视等。但事实上这些"废话"也可以很有用处，父母完全可以从中挖掘有意义的东西，在悠闲的交谈中对孩子进行教育。比如就某种社会现象，与孩子展开讨论，以此来引导孩子树立正确的三观等。

事实上，最好的了解并不是家长绞尽脑汁地问孩子各种问题，而是让孩子主动跟自己说。其中的关键就是同频。换句话说，孩子聊天的兴趣点你要能敏锐地捕捉到。比如他说一个笑话，你知道他的笑点在哪里；他说一个故事，你知道他的重点在哪里。这样孩子只要跟你聊过一次天，就会停不下来。

那么，如何才能达到这样的状态呢？没有什么好的办法，最简单的途径就是多学习，多关注新鲜事物，有时候也可以赶赶时髦，不要故步自封，不要自以为是。

还有很重要的一点，就是在面对孩子的主动分享时，不管他所说的是什么内容，父母的回应一定要以积极为主，即使有批评、有建议也要放在积极回应之后。

如果你的孩子习惯性隐藏心事，什么都不主动说，那么父母首先就要反思自己在和孩子沟通时的状态，有没有忽略孩子的想法，只顾着自己说？问问自己，关注点在哪里？是在孩子身上，全身心地感受着他的情绪，还是在自己身上，只顾着自己的感受？自己的语气和音量是怎样的，有没有很容易激动？

了解孩子并不是一瞬间的事情，而是一个循序渐进的过程。父母不必过于心急，平常多留意，适时和孩子来一场无所顾忌的轻松聊天，只要用心，孩子一定会向你敞开心扉。

与孩子尬聊是因为你没有找好切入点

记得不久前，有个朋友在朋友圈晒出了她和孩子的聊天记录，称：感觉自己似乎在和系统机器人聊天。记录是这样的：

> 妈妈：今天在学校怎么样啊？
>
> 孩子：还行。
>
> 妈妈：那老师教了什么啊？
>
> 孩子：没教什么。
>
> 妈妈：有没有什么好玩的事情啊？
>
> 孩子：没有。

毫无疑问，这就是我们经常所说的"尬聊"。然而，现实中很多父母和孩子的聊天就是这种尬聊，一个恳恳切切地问，但另一方却好像是出于无奈的应付。于是，父母不免烦恼和疑惑，明明自己已经非常热情和用心了，为什么孩子还是这样爱搭不理呢？

其实不难理解。我们小的时候，从学校回来也曾面临过父母这样的盘问，那时我们的表现并不一定比现在的孩子好，只不过随着时间流逝，我们已经渐渐淡忘了那时的感觉。不过，现在的父母，也仍旧有被自己的父母盘问的情形，用心去感受这些时刻你就能理解孩子。

比如，给父母打电话的时候，父母会问："最近工作怎么样啊？"你会如何回答？不出意外肯定是："挺好的，放心吧。"

这样的答案和孩子回复你的本质并没什么区别。孩子在和我们尬聊的同时，其实我们也在和自己的父母尬聊。造成这样的原因当然是多方面的，与时代背景、环境、心情等都有关系。但是庆幸的是我们和孩子之间的这些障碍是更容易跨越的，因为它并没有根深蒂固到坚不可摧的地步，也因为作为主导方的父母有了想要消除这些障碍的意识。

父母和孩子的尬聊中，父母其实占据着整个聊天的主导地位，只要父母肯转变，整个沟通的氛围就会发生变化。

但是，该如何转变呢？首先就要知道导致孩子"尬回"的主要原因，这点父母仍是可以从自己和父母的聊天情况入手进行分析。

当父母问最近工作如何时，我们为什么会选择"挺好的"这样泛泛的词汇来敷衍呢？因为这个问题实在是太大了，它没有一个直接的切入点，听到这个问题的那一瞬间我们的脑海里是空白的，是无话可说的，所以最后才会生憋出"挺好的"来回复。孩子也是一样，当他听到"你在学校怎么样"这样的问题时，他一时间也不知道该从哪些方面来说，所以就选择了一种最简单的回复方式。

尽管我们说开放性的问题不会限制人的思路，可以任其天马行空，可是一个有太多可能答案的问题，反而会让人不知从何说起。尤其对于孩子来说，如果缺乏有效的大脑记忆信息提取策略，就很难回忆和构建完整的故事脉络。

也就是说，太笼统的语句是不能够使孩子有效提取记忆信息的，所以在问孩子问题时，一定要设置关键词，把问题具体化，使孩子有快速提取记忆并做出总结的切入点。比如，你可以把"在学校怎么样"这个问题细分为"今天中午吃了什么菜？""交了几个好朋友？""体育课做了什么运动项目？""午休的时候有没有同学打呼噜？"……让孩子听了马上就有可诉说的内容。

当然了，即使如此，我们可能还是无法打开孩子的话匣子，就像上文中问孩子今天有没有什么好玩的事情时，他们选择用"没有"来回答一样，这样的问题可能仍旧不能激发孩子的兴趣。为什么呢？因为孩子感觉自己与你们不是一个世界的人，觉得跟你不会产生共鸣，觉得你不会理解他，说了也是白说。

就像我们在和父母聊天时，若父母问你最近的工作都做了什么？你会如何回答？大概率就是"没什么，还是那样"。你为什么不跟父母说清楚呢？为什么不长篇大论地告诉他们呢？因为你觉得你说了他们也听不懂，也不会理解，这跟孩子的心境是一样的。

那这种情况，又该怎么办呢？如何才能进一步增加问题的魅力值，激发孩子的兴趣呢？办法仍旧是设置关键词，但是要更细、更贴合孩子的日常生活。

看这两个问题，你觉得孩子会更倾向于回答哪个呢？

1. 你今天在学校发生了什么好玩的事情？
2. 哎，今天你们班特逗那个同学是不是又口出"金句"了？

不出意外，肯定是第二个问题。因为第二个问题不仅仅是更细致了、更有切入点了，也透露出父母对孩子的生活是有所了解的，是能够理解孩子的兴趣点的。当孩子感觉到父母可以和自己聊到一起并且能有所共鸣时，自然更愿意跟父母分享。

将笼统的词句一再精确，最好是换成孩子所熟悉的具体的名称，这样更能帮助孩子完整回忆，也能快速拉近孩子与父母之间的距离。

此外，还有一个雷区就是，父母传达的信息过密，让孩子抓不到重点，这样孩子也会沉默或随便回应。

　　游乐场里，一个小男孩想爬到高高的架子上玩，他的妈妈觉得这样太危险，于是就不断地大喊："你不要上到那上面，太危险了，赶紧下来，我早就说过不能爬那么高，你怎么就是记不住呢？快点下来……"可是妈妈喊了半天，孩子却无动于衷，最后妈妈都快崩溃了。

　　为什么会出现这样的情况呢？因为这位妈妈说得太多了，连珠炮似的信息，孩子根本接收不到妈妈到底想说什么，也就没法做出回应。这样的聊天根本称不上交流，只能算是单向信息轰炸。

　　除了自己言语上存在问题外，父母还忽略了一个很重要的事情，那就是从孩子的回答中找重点。你们的聊天互动中，会出现很多关键词，无论是哪一方说的，都可以进行发散和联想，以找到更多话题。

　　比如，有的父母和孩子的对话是这样的：

　　妈妈：今天中午在学校吃什么了？
　　孩子：嗯……西红柿炒鸡蛋、豆角炒肉，西红柿炒鸡蛋可好吃了。
　　妈妈：是吗？那就多吃点。
　　孩子：……

　　孩子回答的关键词有什么？豆角、肉、西红柿、鸡蛋，最重要的是"西红柿炒鸡蛋很好吃"，这些都是包含了很多信息的，是能延伸出非常多话题的，比如菜的口味、食材口感等。

　　于是我们就能有更多的话题方向：

　　我也很喜欢吃西红柿炒鸡蛋，不过我喜欢的是甜口的。

豆角炒肉不好吃吗？你还记得吗，我上次在家炒，火开大了，肉都炒老了，不好吃。

周末我们在家也做西红柿炒鸡蛋，你来掌勺怎么样？

接下来，孩子可能会问"什么是甜口啊？""肉还会老吗？""我不敢炒怎么办？"等，妈妈就可以给出新的回应，按照这样的抓重点方式，话题就能一直继续。

其实，关键词就像是树木的主要枝干，由它可以发散出许许多多枝杈，最后甚至能形成一张密集的信息网。从聊天互动中找到关联话题，就能让聊天一直很有趣地进行下去，但如果抓不住重点信息，对话也就容易中断。

父母还要知道的一个点就是，有时候不必绞尽脑汁地找话题，因为任何话题都可以是有趣的。

想跟孩子好好聊天，前提就是要对孩子的个人生活有所了解，但大多数情况下，父母是很难准确把握孩子的一些私人信息的。于是在聊天时，父母就会感到力不从心，总想着找一个孩子感兴趣的话题，但又总是找不到，犹豫着这句话该不该说，那句话该不该问。

其实任何一个话题都能变得有趣，关键是你要赋予它魅力。有时候兴趣不是靠迎合的，而是靠吸引的。当你能把一个话题讲得足够精彩时，孩子自然而然地就会被吸引过来，主动加入。

最后，还需要强调的是，聊天中赞美的重要性。

赞美在异性聊天中占据着绝对地位。那些能把姑娘哄得笑逐颜开的小伙子往往都是嘴里抹了蜜，也正是如此，姑娘们才更乐意跟他聊天。而亲子交流也是一样，赞美的话会让人感到愉悦舒适，能很大程度减轻孩子的抵触心理，让孩子更乐于分享。

不过，要注意赞美绝对不能笼统，类似于"你真棒""你真厉害"等，这样的赞美也会引起尬聊。赞美的意义并不是引起孩子的好感，不要为了赞美而赞美，而要真心实意地表达欣赏，让孩子感觉到他的与众不同，这就要求家长从细节入手。

举个例子，孩子在学校歌唱比赛中获了奖，回来将这个消息告诉了你，这时候你应该怎么说呢？

你可以直接说："唱得真不错，你很棒啊！"你也可以选择了解他的演唱曲目，然后说："这首歌高音部分挺难唱的吧？你这嗓子可以啊，怪不得能一鸣惊人。"

找到具体赞美的点，才能把你对孩子的欣赏充分表现出来，才能让孩子觉得你是真的看到了他的特别之处，是在真诚地赞美他。所以赞美不能偷懒，更不能凭空捏造，要合理，要有理有据。

事实上，聊天就是一个情绪互动和不断找话题的过程。情绪互动是血肉，而话题就是骨架，两者缺一不可。只有顾全这两方面，聊天才会血肉丰满地进行下去。

有的父母不懂得捕捉和回应孩子的情绪，孩子感觉不到父母对自己的关注和在意，也就不想多说。有的父母不懂得如何找话题，只会一味地关心吃、穿、住、行，孩子也就只会机械地回答。所以说，有时候并不是孩子爱搭不理，而是父母没有找到好的切入点激起孩子的分享欲望。

生活中，大多数人都是有分享欲望的，孩子也是一样，关键是怎么触发他的兴趣点，让他主动而详细地讲出来。

你比孩子懂得多，怎么可能找不到孩子愿意聊的

"圆圆，你们成天都在聊什么乱七八糟的啊，不是漫画就是动画，要不就是什么游戏，我说你们能不能聊点有用的？你都上五年级了，还不把心思用在学习上，你简直太不懂事儿了……"圆圆的朋友们刚走，圆圆妈就迫不及待地教育起儿子来。

原来，最近新上映了一部动画片，每周更新一集，圆圆和小伙伴们觉得动画片更新得太慢，于是凑了零用钱去买了漫画看。因为大家的零用钱只够买一套漫画，所以他们都来到了圆圆家，所有出钱的小伙伴一起看。

屋里孩子们聊得热火朝天，屋外圆圆妈听得一头雾水。不过，有几个词她听明白了，那就是"穿越""打杀""××和××是一对儿"等。圆圆妈不懂这些，但她知道这些对学习没什么大用。于是，这就出现了开头她抵制圆圆跟朋友聊游戏和漫画的一幕。

我们以局外人的身份来看圆圆妈教育孩子的方式，相信大部分家长都能明白——圆圆妈的"抵制"就是治标不治本，因为圆圆根本听不进去妈妈的话。而且，圆圆妈如果再严厉一点，再武断一些，相信圆圆不但会顶嘴，还会做出更反叛的行为。

看到这儿，不少家长会问："那怎么办呢？这些动画、漫画我们也不懂，我们只能动之以情晓之以理，用'学习'的大义来要求孩子了。"

当然，我们不能要求家长了解孩子的每一个话题，但我们却可以想想办法，找出一个自己和孩子都感兴趣的话题，用这个话题来打开彼此的心门。

每个家长曾经都是孩子，我们只要回忆自己小时候那些不被父母接纳的喜好，其实就能理解孩子的心情了。动画和游戏真的会对孩子学习造成影响吗？答案是肯定的，但这个影响并不算大。

当孩子对学习没有抵触情绪时，即便他们看看动画，玩玩游戏，也不会让自己的学业荒废。同样，当孩子对学习产生抵触情绪时，如果家长强制不让孩子看动画、玩游戏，孩子也会通过其他方式来逃避学习，比如发呆、看小说等。

所以，当孩子对某个领域（尤其是家长不熟悉的领域）产生兴趣时，家长大可不必表现出一副如临大敌的模样。相反，家长还可以利用这个领域，将孩子的兴趣成功引导到学习上。

我们可以通过以下几个孩子能接受的沟通方式来引导孩子。

方法一：主动谈论孩子感兴趣的话题，让孩子愿意开口沟通。

很少有孩子对"学习""口才""情商""财商"之类的话题感兴趣，他们感兴趣的，大部分都是"游戏""漫画""篮球"等。作为家长，我们如果在孩子大谈特谈漫画的时候，插嘴说"漫画就是垃圾""什么破玩意儿，一点用没有"等，那孩子肯定会大受打击。

孩子受打击，就会造成如下两种结果：第一种，孩子会为了自己的爱好跟父母顶嘴，跟父母大吵一架；第二种，孩子会闭嘴沉默，以后也不愿意再跟父母沟通。

　　安安上初中后，整个人都变得沉默了很多。回到家后，他除了吃饭，做作业外，几乎跟父母没有交流。有时候，爸爸妈妈想跟安安聊上几句，可安安都是一脸不耐烦："有什么好聊的？"

　　为了找出孩子沉默的原因，安安爸爸旁敲侧击地跟同学打听了一下儿子的情况，可儿子同学却说："安安很喜欢聊天啊，他特别喜欢足球，经常跟我们聊足球的事儿啊。"

这天放学，安安无精打采地回到家里。刚进家门，爸爸就问道："巴萨赢了，知道比分是多少吗？"安安来不及放下书包，立刻眉飞色舞道："4∶0！一点悬念都没有，爸爸你也看球啊，你最喜欢哪个球队？你喜欢篮球吗？"

就这样，爸爸有空的时候，都会跟安安聊聊比赛，有时还会陪安安去打篮球，并让安安给自己讲讲战术。在爸爸的引导下，安安变得越来越阳光，家庭氛围也好了很多。

以孩子感兴趣的话题为切入点展开交流，孩子一定会跟家长眉飞色舞地聊起来。当他们倾诉的欲望被满足后，才会有兴趣听听家长要说的话题。安安爸爸也因此成功打开孩子心门，相信他们接下来的亲子沟通也会顺畅很多。

方式二：从孩子感兴趣的领域中，找出能引导孩子的"点"。

每个父母都希望孩子成才，有的父母希望孩子具备艺术天分，有的父母希望孩子是个体育高手，有的父母希望孩子成为"学霸"……同样，每个孩子都有感兴趣的领域，也都有喜欢谈论的话题。家长要做的，就是从孩子感兴趣的领域中，找出一个能引导孩子健康发展的"点"。

小时候，方方的身体不太好，不能跟其他小朋友一起跑跑跳跳，只能窝在家里看看书，看看动画片。久而久之，方方对体育活动越来越没有兴趣，每天放学，方方都要从学校跑回家，然后关上门看看动画片。其实，方方的身体早就没事了，爸爸妈妈也希望方方能多进行体育锻炼，可方方一点兴趣都没有。

方方小姨听说了这件事后，给方方推荐了几个体育类动画片，比如《灌篮高手》《排球少年!!》等。方方早就看过《灌篮高手》了，但《排球少年!!》他还没有看过。被小姨"安利"后，方方立刻找到资源，津津有味地看了起来。

这部动画片十分热血，让方方对排球也产生了浓厚兴趣。小姨趁热打铁，带方方去体育馆看了几场真人比赛。有动画知识做基础，方方很容易理解了排球的战术与技术，他还在小姨和教练的邀请下，报名参加了一个排球训练班。

排球训练很辛苦，可让爸爸妈妈没想到的是，方方竟然一天不落地坚持下来了！原来，方方也想像"日向翔阳（排球少年里的角色）"一样永不放弃，越挫越勇。

瞧！之前被爸爸妈妈排斥的动画片，竟然成了孩子锻炼身体的动力！谁又能说动画片只会对孩子产生负面影响呢？

家长在跟孩子沟通时，总会不自觉地谈论"学习""考试""兴趣班""锻炼身体"等话题，这些单一枯燥的话题不但不会引起孩子对话题的重视，反而会让孩子对谈话内容产生抵触情绪。

聪明的家长会像方方小姨那样，利用孩子感兴趣的事情，引导孩子自主学习，自主锻炼。当我们找到引导孩子的"点"时，就能让孩子心甘情愿地听家长的引导。

方法三：谈孩子成功的地方，不要谈现实中存在的问题。

不管是小孩子也好，成年人也罢，大家都喜欢谈自己厉害的地方，很少有人愿意把自己的问题拿出来大家一起谈。大人是如此，孩子更是如此。

比如当孩子学习成绩不好，却很喜欢玩游戏时，大部分家长不会说："哇，你游戏玩得真厉害！"而是会批评说："你怎么就不知道好好学习呢？今天测验考了几分？"在家长面前，孩子无法获得肯定，只会挨批评，可想而知，孩子自然不愿意跟父母沟通了。

卉卉跟大部分女孩都不一样，她不喜欢漂亮衣服，也不追星，却很喜欢玩游戏。一开始，卉卉的成绩并不好，可妈妈从来没有批评过她，只是笑着打趣："你玩'百里玄策'玩得那么好，怎么数学才考这么点分儿呢？"

卉卉有些不好意思："谁说'百里玄策'玩得好，数学就得考得好了。"

妈妈笑着说道："你看，'百里玄策'是刺客，他追杀别人的时候，都知道'两点之间直线最短'，你怎么还选了个'折线最短'呢？"

卉卉想了想，还真是！自己用"百里玄策"追杀别人的时候，都是直直地跑向对方的，如果从中路跑到下路，再从下路折回中路，那对方早跑没影儿啦！想到这儿，卉卉更加不好意思了："看来玩游戏还得学好数学呀，您等着看吧，下次我数学肯定拿高分！"

家长跟孩子聊天的时候，要多聊一些孩子擅长的东西，然后从孩子擅长的领域，将话题转到他们不擅长的领域，这样一来，孩子就更容易接受家长的观点。

试想，如果卉卉妈妈劈头盖脸地说，"成天就知道玩你那个破游戏，数学才考那么点分，你还好意思玩"，那卉卉肯定不会这么痛快地接受妈妈的观点，说不定还会在心里吐槽妈妈几句，从而更抵触数学。

跟孩子沟通要讲究方式方法，不要凭着"为人父母"的身份对孩子横加指责。孩子是独立的个体，他们有自己的兴趣爱好。有时候，顺着孩子的兴趣与孩子沟通，反而会让孩子敞开心扉，接受父母的观点。

让孩子知道，跟爸妈聊天也很有趣

有些家长认为，聊天不就是有什么说什么吗？尤其是跟自家孩子聊天，那还不是想聊什么就聊什么。其实，聊天本身就是一门艺术，尤其是亲子聊天。高质量的聊天会让孩子与家长内心连接得更加紧密，而低质量的聊天，则会让孩子与家长之间的"代沟"越来越深。

"我不愿意跟我妈聊天，我妈那根本就不是聊天，就是唠叨。不是让我努力学习，就是问我晚饭想吃什么。"小雪跟朋友抱怨道。

"是啊，我家老妈也很无趣。"朋友说道，"她周六、周日也要在家盯着我学习，我都怀疑她有没有朋友。休息日，出去逛逛街不好吗？为什么非要盯着我？"

在家长看来，孩子都是缺乏自制力的。如果自己不跟在后面反复敦促，那孩子就会把学习抛在脑后，只顾着吃喝玩乐了。

为了让孩子时刻关注学习，家长只能时时敦促孩子，"你要用心学习啊""考上好初中才能上好高中，上了好高中，才能上好大学""别老穿奇装异服，多花点心思在学习上""别成天就知道看漫画""你看看×××家孩子"……

可是，家长的一片好心在孩子看来却是无趣的表现。如果可以，孩子也想对父母说，"你看看×××家爸爸妈妈，他们会跟孩子聊聊动画片，聊聊电影，聊聊衣服穿搭，聊聊去哪里玩，怎么你们成天就知道跟我聊学习？"

瞧，没有技巧的聊天，就会在孩子心里落下个"无趣"的印象。

其实，跟孩子聊天的方式有很多，内容也有很多，只是家长们恰好选择了最不讨巧的那个。如果孩子对学习有浓厚兴趣，那家长成天把学习挂在嘴边自然无可厚非，可如果孩子对学习不太感兴趣，甚至对学习有抵触情绪，那家长大谈特谈学习问题就会让孩子倍感烦闷了。

张洁妈妈发现，女儿最近对学习缺乏兴趣。可是，每当她问起女儿的学习情况，女儿都一脸不耐烦地否认，然后把她推出屋子。一来二去，张洁妈妈变得更加焦虑了。

有一天，张洁妈妈经手的一张报告单出问题了。回到家后，张洁妈妈忍不住在吃饭时抱怨道："我当初真是糊涂了，为什么非要做会计？上学那会儿，我最差的科目就是数学，没想到好不容易毕业了，还要跟数学打一辈子交道。"

张洁爸爸还没开口，张洁就饶有兴趣地问道："妈妈，没想到你数学也不好啊。"

张洁妈妈点点头："我像你这么大的时候，数学还考过班里倒数第一呢。当时学校开家长会，可把你姥姥气坏了，所以我就一直担心你数学不好。不过，现在看来，你数学可比我当时好多了，什么时候有空，给妈妈讲讲'两元两次方程'吧。"

"好啊，"张洁忍不住笑了出来，"不过，那不叫'两元两次方程'，叫'二元二次方程'，吃完饭我就给你讲一讲……"

张洁妈妈跟孩子聊天，当她单刀直入地询问孩子"你最近学习方面有什么问题？"时，却并没有什么效果——女儿非但没对她坦白数学问题，反而产生了不耐烦的情绪。后来，当她无意间吐槽自己数学不好时，女儿却愿意打开心门，与妈妈交谈起来。这是为什么呢？

其实，孩子这种心理是很容易理解的。在孩子看来，家长是家庭里的权威，如果家长不愿意把孩子当朋友，那孩子就只能抬头仰望家长。在他们有足够的能力反抗家长前，他们都只能忍气吞声，听从家长的安排。

可是，当家长向孩子示弱时，就等于放下身段，用一种平等的态度与孩子聊天。这时，孩子当然愿意倾听家长的问题，也愿意帮助家长解决问题。当家长和孩子进行深入沟通后，孩子就会发现"跟爸妈聊天也很有趣"，就会愿意与父母交流，也会采纳家长的意见了。

那么，我们应该如何让孩子理解家长有趣的本性呢？

第一，要找到跟孩子的共同语言。

找到共同语言的前提，就是不要习惯性地否定孩子。有些家长站在三十多岁的视角，看几岁、十几岁的孩子，总会觉得孩子的想法和行为太过幼稚。于是，他们听孩子讲话时总是心不在焉，他们跟孩子讲话时，也会讲一些有压倒性优势的话。比如，"我也是从孩子过来的，我能不知道你耍什么心眼吗？""我当时就因为没好好学习，所以不能让你重蹈覆辙，吃了学习不好的亏"等。当家长总是站在高处否定孩子时，就很难找到跟孩子的共同语言了。

第二，聊天内容不要太复杂，要注意聊天的主题。

很多家长在聊天中都会把内容安排得过多。家长希望在一次谈话中，尽可能多地把问题解决完。可有一句话叫"欲速则不达"，如果把谈话内容安排得过于深奥，过于复杂，孩子反而会失去积极性，甚至会觉得"我爸妈真是太古板了"。

还是拿数学成绩举例。有些家长会从数学成绩聊到语文成绩，再从语文成绩聊到学习考试，其中还要穿插大大小小的规划。一场谈话下来，孩子通常是困倦不堪，甚至连一个字都听不进去。

正确的聊天方式应该是家长从孩子感兴趣的话题入手，比如孩子喜欢各种各样的建筑，家长就可以先跟孩子聊聊建筑，然后从建筑过渡到几何，再从几何过渡到数学。注意，关于数学的事稍微提一提就好，否则孩子会察觉家长谈话的目的，反而影响之后的谈话质量。

第三，聊天语言尽量活泼，不要聊些沉闷的话题。

作为一名学生，孩子每天至少有 8 小时跟学习打交道，如果回到家后，家长仍然喋喋不休地聊些沉闷话题，孩子肯定会觉得爸妈"俗气""无趣"了。

孩子放学回家，家长可以耐心听孩子讲学校里发生的事，也可以讲讲自己在工作中遇到的趣事或问题，还可以跟孩子规划一下本周要学习的内容，以及周六日要去哪里玩。总之，聊天话题是非常多的，家长要注意不要把内容局限在学习上，否则就会让孩子觉得话题沉闷，继而觉得家长无趣了。

小路的妈妈很想跟孩子聊点有趣的话题，可每次一张口就"把天聊死了"。

早上，小路一边着急地检查书包，一边心不在焉地往嘴里塞着面包。这时，妈妈突然开口道："对了，路路，给妈妈讲讲你上次去奶奶家玩的时候，奶奶告诉你的那个笑话吧。"小路一脸不耐烦地摆了摆手："妈妈，我现在哪有时间啊，等我回来再说吧。"妈妈赶紧闭了嘴。

晚上，小路放学回家。吃罢晚饭，小路准备做作业了。谁知，妈妈突然打开房门对小路说道："对了，小路，你没有在学校谈恋爱吧？我看你对你们班娜娜挺好的，你别给我在学校捅娄子啊！"

"哎呀，妈妈，这怎么可能啊！"小路简直郁闷死了，"您怎么这么说我啊！"

站在客观角度看，大部分人都能看出小路妈妈的问题在哪里——"没有选择合适的聊天时间""对于敏感话题，询问得太过直白""聊正式话题前没有铺垫，让孩子有被冒犯的感觉"……可到了现实中，很多家长却不可避免地犯了跟小路妈妈一样的错误。

面对孩子，家长应该如何开展一段聊天呢？

第一，选择一个合适的聊天时间。

正所谓"时机不对，聊天白费"。在孩子玩耍、看电视、看漫画，或者正在忙碌的时候，家长尽量不要打扰孩子。如果强制打乱孩子的节奏，反而会让孩子反感。那么，什么样的时机才算是合适的聊天时机呢？

从一天时间看，每天的晚饭前后，以及睡前都是亲子聊天的好时间。这时孩子没有什么要做的事，家长也结束了一天工作，双方都有时间坐下来好好交流一番。

当孩子出现长期性的情绪波动时，家长就要及时与孩子沟通交流了。一般来说，当孩子学习、社交、生活等方面出现问题时，他们都会出现沉默、烦闷、心不在焉等情况。当孩子出现这类情况时，家长就应该主动与孩子沟通，以免出现更大的问题。

第二，对于敏感话题，家长要旁敲侧击地询问。

很多家长不重视孩子的隐私问题，认为孩子是没有隐私的。所以，当家长想问一些隐私问题时，他们都会大大咧咧地直接问，丝毫不懂得从侧面询问。

比如有些孩子比较内向，在学校没什么玩得来的朋友。这时候，家长想询问孩子有没有被排挤，一定不要直接问"今天有人跟你玩吗？""你是不是受排挤了？"孩子的自尊心是很强的，内心也是很敏感脆弱的，家长直接询问这类问题会伤了孩子。

家长可以从侧面问："今天班上有什么好玩的事吗？你们班那个平时很调皮的孩子，今天有没有再做出什么有趣的事？"从一件小事入手，让孩子愿意跟家长慢慢讨论敏感话题，这样更能帮助孩子解决问题。

小孩子是很容易满足的，遇到开心的事情，他们会跟家长一起分享。家长也是如此，多跟孩子分享一些有趣的事情，多谈论有趣的话题，这样才能让亲子沟通更加顺畅，才能对孩子的性格培养起到正面作用。

和孩子没有不可以聊的话题

"洛洛，你今天在学校学了什么？"睡前，妈妈决定跟洛洛来场温馨的聊天。

"今天学了好多新内容，语文、数学、地理，都讲了新知识点。"洛洛说道。

妈妈点点头："这就对了，你要好好学习，不然以后找不到好工作，只能像你二姨家的大姐那样，去做销售，吃青春饭。"

洛洛没吭声。见洛洛没说话，妈妈又问："那你今天过得开心吗？"

洛洛来了兴趣："嗯，开心，今天新转来一个女同学，长得很可爱，我们特别聊得来，而且她家就在咱们小区，我们平时也可以一起玩。"

妈妈语重心长地说道："交朋友可以，但不要经常想着玩啊，你们应该一起琢磨琢磨，怎么才能把学习搞好。对了，她数学学得好吗？如果学得好，她倒是可以帮帮你，毕竟数学是你的短板。"

洛洛感到有些烦闷，于是小声说道："妈妈我想睡觉了。"

对绝大部分孩子来说，他们最讨厌的聊天方式就是"目的性聊天"。

比如洛洛，她满怀期待地跟妈妈分享自己，可妈妈却句句不离学习，让洛洛十分无语。其实，洛洛妈这种"目的性聊天"，无非是想给孩子灌输好好学习的思想。这种方式不需要家长耗费太多时间，只需平铺直叙地讲大道理即可。可这种沟通有效吗？并没有，孩子根本听不进去多少大道理，他们只会觉得家长很啰唆，好烦，满脑子都是学习。

事实上，不少家长也知道，这种沟通方式的效果微乎其微，可除了学习，他们又不知道该跟孩子聊些什么。聊游戏吧，怕孩子学坏；聊文学吧，觉得孩子太小。不管聊什么，家长都觉得对孩子没好处，还是聊学习最保险。

可小孩子的学习能有多少有趣的东西可聊？聊来聊去，无非就是"作业写完了没？""考试考了几分？""琴练了吗？"……这些都属于质问式沟通，会让孩子有一种"我被审问了"的感觉。

一开始，孩子会顺着父母，用模式化的口吻回答"挺好的""还不错""可以"，可随着年龄的增长，孩子会变得越来越不耐烦。于是，他们会变得沉默，或变得暴躁，用这种方式与喋喋不休的父母对抗。

其实，父母是有很多孩子不知道的闪光点的。有些父母在文学上有很高造诣，有些父母在绘画、音乐、影视等方面很有见解……可是，由于各种各样的原因，父母把这些兴趣与闪光点都藏了起来，只把"催学习"的一面展示给孩子，给孩子造成一种"我的爸妈真无趣"的错觉。这简直是得不偿失。

对孩子来说，这个世界上并没有什么话题是"绝对不能聊"的，就连抽烟、喝酒这样的话题，孩子也都是可以参与进来的。

　　林林一家都不抽烟，不过，林林叔叔的烟瘾却很大。

　　一天，奶奶因为抽烟的问题又跟林林叔叔吵起来了。林林很好奇：烟味这么呛，为什么有人会喜欢抽烟？于是，他凑过去问道："叔叔，你为什么喜欢抽烟啊？你抽的烟是不是甜的，跟其他人的不一样？"

　　叔叔还没说话，奶奶就开口道："去去去，小小年纪别瞎打听，不学好！"

　　林林吓得一吐舌头，心里却对烟草更好奇了。

　　这时，林林爸爸却饶有兴趣地说道："林林，我们来做个采访吧，看看为什么会有人对烟草上瘾。你先采访采访你叔叔，问问他为什么喜欢抽烟？再采访采访你奶奶，问问她为什么不想让你叔叔抽烟？"

林林立刻采纳了爸爸的建议，开始了他的采访。

家长都知道，抽烟损害健康，尤其对成长期的小孩子来说，抽烟更是一件不能做的事。所以，当孩子对烟草产生兴趣时，大部分家长都会像林林奶奶那样如临大敌。林林奶奶生怕孙子学会了抽烟，于是赶紧把林林训斥一顿，以打消他对烟草的兴趣。可家长这样做的后果，往往是让孩子更加好奇，反而偷偷尝试，染上烟瘾。

可事实上，聊关于烟草的话题并不会损害孩子身心健康。相反，这个话题还能激发孩子的探索欲，让孩子思考一些深刻的问题。在讨论这个话题的过程中，不仅孩子的好奇心能获得满足，而且他与父母的交流效果也会更上一层楼。当有其他问题困扰他们时，他们也会寻求父母的帮助。

在与孩子的沟通过程中，大部分家长都会忽略这样一个原则——开放性原则。开放性原则顾名思义，就是"跟孩子没什么是不能聊的"。孩子虽然逻辑思维尚不健全，但家长的谈话内容、情绪情感，孩子都能很敏锐地捕捉到。有时候，家长大大方方地回应孩子的问题，平和平淡地与孩子谈论问题，要比"藏着掖着，只顾聊学习"的效果好。

孩子的性格和气质各不相同，对父母的依赖程度与信任程度也不同。家长需要根据上述方式，与孩子平等顺畅地沟通。良好的亲子关系应该是彼此尊重、彼此共情、彼此真诚的。父母要负责的不只是孩子的吃喝与学习，也要负责与孩子进行平等交谈。

下面，我们就来介绍几个秉承"开放性原则"与孩子沟通的秘诀。

秘诀一：让孩子感受到，自己是被尊重的。

大部分孩子都能明显感受到父母是重视自己的，可只有很少一部分孩子，能感受到父母是尊重自己的。"重视"和"尊重"仅一字之差，但二者表达的意思却大不一样。

有些家长只重视孩子的吃喝，重视孩子有没有吃饱穿暖，重视孩子的学习，却从来没有把孩子看作一个与自己平等的独立个体。他们习惯为孩子安排一切，习惯让孩子听话懂事，习惯告诉孩子"该问的问，不该问的别问"，可这种相处模式，反而会压得孩子喘不过气来。

孩子都喜欢被父母夸奖"你长大了"，因为长大了，就意味着他们有资格受到父母的尊重了，就意味着他们有能力为父母排忧解难了。他们想参与父母的话题，想成为这个家真正的一分子，想以平等的身份与父母沟通交流，而不是一味听从父母命令。

开放性原则能让父母给足孩子尊重感，当孩子不因为"孩子身份"被"歧视"时，他们才愿意积极主动地与父母沟通，才愿意向父母展示自己的内心世界。

秘诀二：不要让孩子觉得自己是不被理解的。

家长与孩子沟通，一定要多听少说。如果孩子没有表态，只有家长一个劲儿发表言论，那就会让孩子觉得自己是不被理解的，也会让他们更不愿意开口说话。

最开始，孩子是很愿意开口与父母交流的。他们会提出各种问题，尤其是一些会让父母感到难堪的问题。比如小朋友看到叠在一起的两只蜻蜓，会很好奇地问："妈妈，这两只蜻蜓为什么会叠在一起啊？"这时候，如果妈妈怒斥道："说什么呢，小小年纪真不要脸！"那孩子就会感到委屈，感到不理解，也感到自己不被理解。以后，他们也会不敢提问，不敢跟父母交流。因为他们害怕自己又问出什么不该问的话，惹爸爸妈妈生气。

当孩子已经有了不被理解的想法时，家长应该引导孩子与自己交流，然后真正为孩子解决几次问题。家长可以通过孩子感兴趣的话题对孩子进行引导，比如把孩子感兴趣的东西放在明面上，或者在谈话时故意谈到孩子感兴趣的领域，让孩子主动提问。当孩子重新与父母建立信任后，问题也就迎刃而解了。

秘诀三：不要用"你还小""你不懂""长大你就明白了"之类的话敷衍孩子。

前面提到，孩子的好奇心是非常强烈的。当他们抛出一个问题，却没有获得解决时，他们就会用自己的方式去解决问题。

比如有的孩子看电视时，发现电视里有一对情侣正在接吻。可下一幕，这对接吻的情侣就有了孩子。孩子自然不理解电影剪辑手法，他们只会觉得，情侣只要接吻就会有孩子。带着这个疑问，他们会问父母"我是怎么出生的？""接吻就会生孩子吗？"这类问题。

面对孩子的疑问，爸爸妈妈觉得把握不好教育的尺度。于是，大部分家长都会含糊其词："你还小，长大就懂了。"可天性好奇的孩子哪能等到长大？他们便会带着强烈的好奇心去打探这类事情，打探完毕后，他们会觉得"问父母也是白问，还不如我自己探秘"。就这样，孩子慢慢不愿意向父母问问题了。

那么，面对孩子的提问，家长应该怎么做呢？首先，家长要摆正心态，本着解决问题的原则与孩子交流；其次，家长可以带着孩子去图书馆，从书籍中获取相关答案，跟孩子一起解决问题；最后，家长可以给孩子抛出一些问题，让孩子帮自己解答，促进彼此沟通。

影响亲子沟通的原因有很多，但归根结底，大多是父母自身的教育方式出了问题。找出问题所在，用上述秘诀解决问题，就能修复与孩子的关系，也能让沟通质量更上一层楼。

第四章

有效对话 1：那些建设性的对话怎样展开

你知道什么是建设性对话吗

曾经，网络上流传着一段很火的话，是一个孩子写给父母的：

世界上有一种奇特的生物叫作"别人家的孩子"，这种生物不玩游戏、不聊 qq，天天就知道学习，每次考试年级第一……

这种奇特的生物成了大部分中国子女人生里的一个挥之不去的阴影，伴随着他们走过小学、初中、高中甚至大学、工作以后……

你看别人家的孩子，学习比你好；你看别人家的孩子，弹钢琴得了奖；你看别人家的孩子，一个月挣那么多钱；你看别人家的孩子，都知道帮爸爸妈妈干活；你看别人家的孩子，什么都会做；你看别人家的孩子多懂事；你看别人家的孩子长得那么好看；你看别人家的孩子多听话；你看别人家的孩子从来不被老师叫家长……

拿别人家的孩子和自己的孩子做比较，似乎已经成为很多父母的惯常操作。《中国青年报》社的一项调查报告显示：83.4% 的受访家长有过拿自己的孩子跟别人家孩子做比较的行为。事实上，如果通过比较能让孩子认清自己的优势和劣势，并没有什么不可以的，但是父母们在比较之外，更多的是打击和嘲讽。

孩子做了错事，考试考砸了，就用别人家的孩子如何如何优秀来说教，还美其名曰"我这是在激励你"；而当孩子做了好事，考了好成绩，还是会用别人家的孩子做得更好来警告，又美其名曰"我这是让你有危机意识，别那么骄傲"。总之，他们习惯于打击自己的孩子，并从心底里认为这是为了孩子好，觉得这样做能激励孩子向更好的方向努力，向更好的孩子看齐。

然而事实却是，长期受到这种教育的孩子，会变得自卑胆怯、消极敏感，不能够很好地与人相处，甚至会患上社交恐惧症，情绪调节能力也会很差，很难成为父母眼中的优秀孩子。

打击式教育之所以不能使孩子按照父母期望的那样，变得更好、更优秀，很大程度就是因为其不合理的沟通模式。父母进行打击教育时，往往对孩子进行的是单方面的说教，并且其中夹杂的大都是负面内容，这不仅不能够让孩子获得有价值的信息，甚至还会给他们带来反向作用，让他们变得更加糟糕。

打击式教育中所使用的沟通方式可以看作是"破坏性沟通"的一种。我们知道孩子的所想及所作所为都是围绕着三种感受展开的，即安全感、自主感和价值感。当孩子的这三种感觉都得到满足时，他会表现出极大的积极性，会自觉地向好的、健康的方向发展；而当孩子的三种感觉不能得到满足时，他就会变得消极且被动。这三种感受，孩子很大程度都需要依靠父母的引导才能获得或加强，更确切地说，是需要通过与父母沟通交流来实现。

然而，如果父母用破坏性的沟通方式回应孩子，那么孩子的三种感受不但不能得到满足，还会遭到破坏。当孩子缺少安全感，他就会怀疑自己在父母心目中的位置，变得自卑胆怯，做事畏畏缩缩；当孩子体会不到自主感，他就会对很多事情提不起兴趣，变得没有主动性，浑浑噩噩；当孩子无法获得价值感，他的自我认同感就会降低，会变得越来越不自信，甚至怀疑自己存在于这个世界上的价值和意义。

也就是说，破坏性的沟通会让孩子受到更多的负面信息的影响。那么，如何让孩子获得积极的信息呢？这时候就需要"建设性沟通"了，对于孩子来说，在和父母沟通的过程中，他们最需要的就是主动建设性的对话。

所谓建设性对话，就是父母通过态度、语言、动作，构建起一个蕴含着鼓励意味和积极影响的对话，让孩子在心理上感到安全、放松，从而乐于和父母沟通，并且能够从中获得有价值的信息。

建设性对话的要素之一，就是要有激励作用，即使是批评，整体的基调也必须是昂扬向上的。

很多家长喜欢拿"别人家的孩子"和自己的孩子做比较，就是因为他们觉得这样能够让孩子受到刺激，认识到自己的不足，进而发愤图强，变得更优秀。

通过刺激孩子让其明确自身的不足，这种想法并没有错，错的是没有考虑刺激的类型和强度。你的孩子对这样的刺激受不受用？你一次次地用别人家的孩子来打压他，他能否承受得住？若是不受用，不能承受，那就不是激励，而是打击。

的确，有时候适当地运用激将法可以达到激励的目的，但是更多时候，激励还是需要通过积极的态度和语言来实现。

孩子取得了好成绩，有了高兴的事跟你分享时，即使你有害怕他得意忘形的顾虑，也请在此之前毫不吝啬地夸奖和赞美，告诉他，他做得很棒。例如，夸他画的画很好看，他买的衣服很漂亮……

孩子考试考砸了，犯了错误时，在指出错误、批评教育的同时，也要告诉他一次的错误不是对他终生的否定，就算他做得不够好，爸爸妈妈也永远爱他。

需要强调的是，在孩子受挫、犯错时，让他知道爸爸妈妈永远爱他是非常有必要的，这会让孩子获得足够的安全感，孩子也因此能较快地摆脱消极情绪，变得自信强大起来。

NBA 球星科比曾有一个访谈：

> 主持人问科比小时候的打篮球经历，科比笑着说："我记得 11 岁的时候，跟很多小伙伴一起玩，最后我一个球都没进，得了 0 分。"
>
> 主持人诧异："0 分？一个都没进？那你后来是怎么调整状态的？"
>
> 科比说："我记得那天，我特别伤心，我告诉爸爸我打得特别不好，可是爸爸却很认真地告诉我：'儿子，你听着，不管你得了 0 分、60 分还是多少分，一点都不影响爸爸爱你。'就是这句话，让我从此不再惧怕失败，能够全身心地投入到每次的训练和比赛中。"

很多父母都觉得给孩子前进的动力和生活的热情的应该是"爸爸妈妈希望你如何如何""如果你不这样，你的人生就完了"这样的话，但其实真正让孩子充满勇气和信心的往往就只是简单的一句"我爱你"。

建设性对话的要素之二，就是有效信息的传递。"建设性"很重要的一个含义就是"有效"，即通过沟通能够对当时的情形产生切实的作用，能够解决实际问题，这一点在产生分歧、处理矛盾时尤为凸显。

争吵和冲突本身是促进亲密感必不可少的环节。的确，矛盾和冲突可以暴露出我们感情里潜在的问题，解决了这些问题，人与人就能变得更亲密。因此，更确切地说，冲突本身并不能直接促进亲密，矛盾也只是升级感情的一个机会，只有处理好矛盾和冲突，才能促进亲密。

然而，问题和矛盾出现时，人们往往有两种选择：要么选择吵架，要么选择忍着。只有很少的人选择冷静下来，与另一方好好沟通。而这些选择冷静沟通的人，到最后也很可能情绪上头，与对方争吵起来。

这些方式一般都不能很好地处理矛盾和解决问题。因此，现实生活中很多曾有亲密关系的人都是在一次次冲突后变得越来越生疏。这种情况在亲子之间很常见，很多家庭父母和孩子之间最初都是亲密无间的，但是随着矛盾的不断出现，双方之间的距离就会越来越远，有的甚至还会发展为"仇人"。

那么，在发生矛盾的情况下到底该怎么办呢？最好的方法就是进行建设性沟通，其中非常重要的一个特征就是信息的准确传递与接收。这包含两个方面：一是要说明白——信息传递者能够准确地把信息表达出来；二是要听明白——信息的接收者能够准确地理解信息的意思。

这便又延伸出两个问题：一是应该怎么说，二是应该怎么听。父母不仅要明白自己应该怎么说、怎么听，还要有意识地引导孩子怎么清楚地表达、怎么准确获取信息。

首先，父母要识别并把控自己的情绪，不被情绪主导。交流的目的，应该是解决问题，而不是指责对方、发泄情绪。如果正在气头上，不妨先换个环境让自己冷静下来，不要着急沟通。同样的，如果孩子情绪激动，也要先安抚。

其次，就是明确表达需求。不要拐弯抹角，不要试图通过暗示来让对方知道该怎么处理问题，有什么问题就直接提出来，否则既浪费时间也浪费精力。不过，表达需求时，不要使用"必须""就是"等过于强硬的词语，最好是用商量建议的口吻。当孩子在表达自己的想法时，父母可以适当提醒他用"我想……""我认为……"等句式。

另外，父母还应该注意自己的态度、语气等，不要过于冷漠但也不必过于柔和，同时要避免攻击性话语，否则容易导致对方打开防御机制：①拒绝沟通；②反击。

至于如何听，最需要注意的就是"共情"，让孩子产生"爸爸妈妈知道我在说什么，能够站在我的立场看待问题"这样的感受。要做到这一点，父母首先要摆好姿态，比如眼睛要时不时地注视着孩子的眼睛，并作以点头等回应；其次，切忌消极打断，比如"别说了""你说的不对""不说这个了"；再次，要学会换位思考，设身处地地考虑孩子的感受。

对孩子所说的内容进行回应时，父母也要注意避开两个雷区：

第一，不要经常使用"是的，但是……"句式，先肯定再否定虽然在一定程度上能缓和孩子的抵触心理，但是用得多了就会让人觉得你的肯定是虚假的，只是为了引出否定的内容。

第二，不要忽略自己的问题，一味地抱怨孩子。比如有一些父母在孩子指出自己的问题时，往往会恼羞成怒，用"我们把你养这么大容易吗？现在你居然开始挑我们的毛病了"这样的话进行反击。

好的沟通，不是一方滔滔不绝，一方沉默不言，也不是双方你一句我一句机械地对答，更不是情绪的宣泄，而是建立在理性基础上信息的双向流动。在沟通中，每个人都既要努力地让对方来理解自己，也要努力地去理解对方。

父母怎样问问题，孩子才愿意回答

亲子对话中，我们常常见到的场景就是父母总是在询问，但孩子却不愿意回答。为什么对于父母的关心，孩子却如此不领情甚至当成一种负担呢？

其实，原因很简单。

其一，父母的问题问得非常单一，并且很频繁。

前两天跟一个朋友聊天，她突然跟我抱怨，说跟孩子聊天，问上十句孩子都不一定能回一句，有时候甚至直接就不回了。

我问她怎么聊的，她就把聊天记录打开给我看。看完之后，我告诉她，别说孩子不想回你，我看了都有点不想跟你继续聊。

她满脸惊讶："我有什么问题吗？"

这位朋友的问题在哪呢？她每天问孩子的问题几乎都是重复的：今天吃了什么呀？睡得好不好？跟同学闹矛盾了吗？上的什么课呀？……这样的问题单调没有意思，就像是工作汇报一样，一次两次孩子可能还会耐着性子回答，但是次数多了，他也就懒得回了。

其二，父母问的问题是一个很大的问题，而且用词笼统。

这在前面的章节其实已经提到过，比如"你今天过得怎么样？""最近学习怎么样？"等，这样的问题就是比较笼统的。就像是一片白雪皑皑的原野，让孩子找不到重点。就算是回答，第一反应也就是"还行吧""挺好的"。

同样的问题，如果我们换个说法就会好一些，比如"你今天有没有碰到什么有趣的事情？""最近学习的数学方程式是不是挺难的？"等，这样提问虽然并不十分出彩，但最起码要比前一种具体了，这样孩子就能抓住重点，然后给出回答。

其三，父母问的问题太过直接，没有注意隐私问题。

比如有的长辈会当着别人的面调侃孩子："在学校有没有玩得好的小女生啊？"还有就是直接问成绩，要是孩子考得不错倒没什么，要是考砸了，面子上就会过不去。不要觉得孩子小没什么，他们的自尊心才更强，也很要面子，害怕自己在众人面前的形象被破坏。

因此，怎样询问也是一门学问，想让孩子问答，父母要先学会如何问问题。

既然已经明确了原因，解决起来其实也就不难了，牢记以下询问秘诀，打开孩子的话匣子就不是问题。

第一，问小不问大，问具体不问笼统。

不要问"你在学校怎么样？""今天你做了什么？""你今天开心吗？"等抽象的、大范围的问题，而要从小的方面选择有具体答案的问题，比如"你今天上了什么课？""你都和谁一起玩了？"这样的问题不仅好回答，也能让你进一步获取与孩子有关的信息，进而开展下一个话题。

比如，孩子回答，他今天和小宁一起玩了，那你就可以知道孩子有一个朋友叫小宁；接着还可以问，你们俩都玩什么了？下周末和小宁还有约吗？这样话题就能延续下去，聊天就能持续一段时间。

第二，可以从侧面入手，从别人的事情谈起。

　　婷婷刚上学那会儿，我很想知道她在学校的状况，但是每次我让她告诉我在学校怎么样时，她都像没听见似的，避而不答。这让我更加担心起来。直到有一次我尝试了迂回手法，聊天时问她："你们班最调皮的那个孩子叫什么来着？"婷婷虽然还是漫不经心，但还是回答了我："叫郭浩浩。"

我继续问："他都做了些什么事情惹老师生气呢？"听到这，婷婷立马来了兴致，跟我一口气说了一堆，什么在别人背后贴纸条，把课本上的小人瞎涂瞎画，故意往同学身上扔粉笔头，等等。

于是，从这一段话开始，我知道了孩子上课时的大概情形，以及她坐在哪个位置，对老师讲课的感受等，并且我们聊得也很开心，孩子没有一点不情愿的感觉。

父母直接问孩子的情况时，很容易让孩子产生被质问的感觉，如果从他人入手，就能很好地避免这种情况的发生。并且，人的"八卦"属性是天生的，小孩子也不例外，他们对于自己身边那些不同寻常的、好玩的事情会尤其关注并且乐于将之与别人分享。所以，从别人的事情说起也是一个不错的选择。

第三，可以先从自己的情况说起，然后反问孩子。

有一天孩子放学回来，我想问一问他在学校的情况，但是一想到之前的场景，觉得直接问他肯定不会说，就算说了也不是实话。于是，我决定换个路子。

"今天我们有个同事可有意思了，开会时候睡着了，然后不知道做梦了还是怎么的，正在领导讲话的时候，他突然站起来背了一句诗，当时大家都笑趴下了，领导瞪了他好久，哈哈哈……真是太逗了！你呢？你在学校有什么有意思的事情吗？"我说完之后马上反问。

孩子被我说的事情逗乐了，听到我这么问，也二话不说跟我分享了他在学校的好几件事情。于是，我就知道他今天在学校挺开心的。

如果你想得到别人的东西，那么最好的方法就是先给予别人东西，这样的规则同样也适用于和孩子聊天。当孩子听完你的分享，很大程度就会放松下来，这时候你再去问问题，他也就乐于回答了。需要注意的是，你所分享的事情和你想问孩子的问题最好是同一类型的或者相关联的。

第四，针对孩子的话，给一个有趣的反馈。

比如孩子跟你吐槽今天语文课堂测验很变态，根据这一信息，你就可以反问："变态？那一定默写了那个特别拗口的文言文吧？上次听你背的，我脑袋都晕了。"

总之就是这样的模式，有时候你甚至可以假装不懂，引起孩子解释的欲望，每个人对于自己十分有把握的问题都是愿意高谈阔论一番的，当然你问的问题不能太蠢，否则会让孩子觉得爸爸、妈妈怎么这么无知。

这样的询问因为承上启下且十分有意思，就不会让孩子觉得乏味，也就不容易引起他的排斥。

事实上，我们在和孩子聊天时想要让孩子不反感，关键就是要对孩子的兴趣喜好有一定的了解，对孩子周围的人和物有一定的认识，积累一定量的关于孩子日常情况的"知识储备"，比如他最好的朋友叫什么？他平常最喜欢做的事情是什么？他最喜欢上哪个老师的课？等等，这就要求父母们在平常一定要注意观察，对孩子说过的话要重视起来，不要不当回事。如果可能的话，父母最好能够引导孩子和自己培养一个共同的爱好，这样亲子之间就会更有话聊。

不久前家里要装修，我本身对家居设计就很感兴趣，平常也有点研究，我就让儿子写出了他对自己房间的设计要求，对于不合理的地方，我就给他指出来，并且跟他解释不能实行的原因。约了设计师之后，我还让他自己跟设计师沟通，说出自己的想法。

这件事对儿子影响很大，从那之后他也对设计产生了兴趣，在空闲时间常常和我研究这方面的东西，也更愿意跟我聊天了。每当有朋友到家里来做客，他还会从设计的角度去给人家介绍他房间的颜色、布局。

当父母和孩子有了共同的爱好时，沟通就会变得非常简单，因为很多事情你都可以从这个共同点出发让孩子快速理解并接受。可以说，共同爱好在聊天中是最佳切入点。

第五，回应不要否定，而要重感受。

大人和孩子聊天，很容易出现的一个问题就是习惯性地否定孩子的感受，尤其是在孩子说一些消极的话语时，比如：

孩子说："生物太没劲了，还那么难学，一点意思也没有。"

父母回答："怎么会没意思，生物是最有趣的学科了，你想想一个细胞到一个生命体，这是一个多么神奇又有趣的过程啊！"

如果父母这样回答，接下来要么是孩子不愿意再聊下去，要么就是进入尬聊。人和人之间距离的拉近，大多时候依靠的是情感共鸣。当孩子觉察到你能理解他的感受时，就会更倾向于与你交流；反之，就会越来越反感和你沟通，之后也不会再主动跟你倾诉这类事情。

当然，我们也不必刻意迎合，只要保持中立的语调即可。我们可以先认可他的感受，然后再进一步了解具体的情况。比较好的回答是：

是吗？你觉得哪些内容很难学啊？是什么让你觉得很无聊呢？

这样的回答往往可以让你知道孩子更多的想法。了解了他的需求，就可以帮助他解决困难。

第六，营造温馨有趣的聊天氛围。

在聊天时要注意不要只问孩子，让孩子说，父母也要分享自己的生活，分享自己遇到的趣事。总是单方面的问和答就像是审讯或质问，很容易给人心理上造成压力，减弱孩子的分享欲望。好的聊天需要打造一种让人自然而然地就想表达倾诉的氛围，如果父母只是一味地问，孩子也只能是机械地回答。只有父母也开始分享，然后用自己分享的内容激发孩子分享的欲望，聊天才能愉快地进行下去。

询问并不是一个带有问号的句子，问句可以是审问、质问、盘问，而询问讲究的是循序渐进，是趣味性。只有不让孩子排斥的问话方式，才能称得上是亲子之间的"询问"。

成为一个鼓舞孩子的高手

教育中，激励的重要性不言而喻，它有助于培养孩子的主观能动性、自尊心、自信心以及抗挫折能力等，从而让孩子自然而然地向好的方向发展。

1968 年，美国心理学家罗森塔尔和雅各布森做了一个有趣的试验：

在一所小学同一个年级的六个班里任意挑选出一些同学，但是却告诉校长和老师，这些选出来的学生，是他们通过智力测试和成绩发展测试而选出的有发展潜力的学生，如果好好培养，一定能产生惊人效果，但前提是要对学生进行保密。

几个月后，奇迹真的出现了。那些名单上的学生，每个都发生了惊人的变化：他们变得更加自信开朗，成绩取得了很大的进步，并表现出了极强的求知欲。

为什么会发生这样的事情呢？那些学生并不是真的有发展潜力的学生啊，怎么会在短时间内变化这么大呢？

原来那些老师在得到权威性的预测暗示后，从心底里就相信这些孩子是具有发展潜力的，便开始对他们投以赞赏和信任的目光。即使他们犯错时，也不会一味地严厉批评，而是会通过赞美优点来表示相信他们能改正。

正是这种暗含的期待和赞美使学生增强了进取心，使他们更加自尊、自爱、自信和自强，奋发向上，故而出现了奇迹。

而这种赞美、信任和期待正是我们所说的激励。这个实验表明，激励可以通过心理暗示，使孩子获得学习的动力和进取的信心，进而做出积极的行为转变。不过，这里还有一个隐含的条件，那就是激励要与内在动机一致，才能发挥正向效用。内在动机指的就是人内在的需求、动力，通俗点说，就是人出于好奇和热爱而选择做一件事情时，内心所具有的一种自我促进的力量。

美国心理学家爱德华·德西和理查德·瑞安曾提出一个个体发展理论，即"自我决定论"。他们指出个体有一种天性，就是想依靠自己的意志力去活动，即想做而不是不得不做。当个体凭意志力去选择做一件事情时，他会有更多的热情和毅力，也会更快乐、更自信。

心理学上还有一个概念叫作"学习能力的自我感知"，即人对于自己在某件事情上能否学好、做好的感觉，人只有相信自己能够做好时，才更有可能成功。

很多孩子学习不好，其实并不是智力存在问题，更多时候是因为他认为自己学不好。研究表明，只有当孩子相信自己能学好时，他才更有可能获得好成绩，并且形成良性循环。

这两种理论所阐述的都是内在动机的重要性，即当孩子因为自身的好奇和热爱而去做一件事情时，他才会产生稳定而持久的动力，自觉地在这方面更加努力。因为他知道所做的一切努力，都是为了自己的追求与理想，是为了获得知识与能力。

然而，很多情况下内在动机并不是一成不变的，它也会因为某些外力条件而减弱，甚至消失。比如有的父母总是否定孩子的喜好和努力，强迫他们转换方向，这种情况下，孩子会觉得自己所做的事情都是不得不做，他们的内在动机就会被削弱。缺少内在动机的支撑，努力就成为"被迫"，因此更容易产生消极情绪和心理问题。所以那些习惯用打击、批评的方式来刺激孩子的父母，最终不仅可能达不到目的，还会毁了孩子。

而激励的真正目的，就是要激发并加强孩子在学习乃至一切有意义领域的内在动机，使他们从心底里自愿去努力，去挑战，去变得越来越好。

就像上文中的实验，名单上的那些孩子，有的或许学习积极性不高，有的或许压根就缺乏学习的内在动机，但老师赞赏的目光、积极的批评让他们燃起希望，相信自己能够学好。当这一想法产生时，他们就会在不知不觉中努力起来，于是短短几个月的时间就发生了蜕变。

这种表达信任、赞赏的激励方法，父母们并不陌生，但是在具体运用时却往往掌握不好"度"，不知道什么情况下应该使用，也不知道具体该如何使用。

比如，有的父母知道激励的作用后，就会一股脑地夸孩子，甚至不惜夸大其词，最终使得孩子变得骄傲自大，不能客观认识自己；也有的父母，会在孩子犯错时不分轻重，一律给予理解和鼓励，最后导致孩子形成错误的观念。

总之，激励虽然必要，但也不能乱用。激励不复杂，但也并不是说几句"加油""宝贝一定行"那么简单。事实上，激励需要营造一种氛围感，需要打造一定的情景并且让孩子沉浸其中，才能获得父母们所期望的结果。

一位厨艺高超的朋友，分享了她小时候发生的一件事情，这件事情也成了他烹饪生涯的开端。

刚上学时，妈妈工作不忙，下午总能到学校来接我回家，然后开始做饭。那时候我的作业也不多，妈妈做饭时，出于好奇，我就在旁边看着。

或许是看到了我眼中的好奇，后来有一天，妈妈把米和水放进锅里后直接伸到我面前，问："你觉得这些水够吗？"

说实话我并不知道水够不够，但还是假装很懂的样子摇了摇头："我觉得不够，得再放点儿。"

于是，妈妈就按照我的说法又加了一些水，继续问："现在呢？"

我还是摆着那副装懂的架子，仔细端详了一下说道："嗯，够了，这样正好。"

晚上，米饭摆上了桌，妈妈跟爸爸说道："今天的米饭是最近煮得最好的一次，最大的功劳就在于你的宝贝女儿，多亏了她最后要求多加一点水。"听到妈妈这样说，我心里别提多高兴了。

后来，妈妈每次煮饭都会寻求我的意见，并且每次饭也都煮得特别好，隐隐之中我对做饭也有了更多兴趣，也逐渐开始自己去琢磨。现在的我既把烹饪当成一种放松身心的爱好，也有意将其发展成一项事业，从这之中我收获了太多的美好和成长。

身边的朋友总是夸我有做饭的天赋，以前我也是这么认为的，长大以后我才渐渐明白，我的厨艺，比起天赋，更多的是因为妈妈对于我的鼓励。她发现了我的兴趣所在，并用一种微妙的方式让我在潜移默化中变得越来越好。

例子中的妈妈并没有在言语上不断地夸奖孩子，更没有手把手地教孩子怎么做，但最终却收获了如此好的效果，这是为什么呢？通过分析，我们可以找到答案。

首先是发现兴趣。兴趣是人们力求认识某种事物和从事某项活动的意识倾向。当人对于某种事物、某件事情感兴趣时，就会产生一种想要探究的愿望。在不同的环境中，人的兴趣会增强，也会转移或消失。而例子中的妈妈正是发现了孩子的兴趣所在，然后通过鼓励使其变得更加浓厚，进而使孩子产生行动的动力。

其次是切薄处理。对某件事情感兴趣会增加做这件事情的可能性，但是并不意味着了解和擅长。如果盲目开始，可能会因为碰壁而使得兴趣逐渐消减。例子中的妈妈正是选择了烹饪中最简单的环节，让孩子不断尝试，这种切薄处理的方式，会让孩子快速上手，并从中获得自信。

最后是真诚赞美。要激励，赞美的话必不可少，但不要为了表扬而表扬，让孩子感觉到真实才是最重要的。例子中的妈妈用真实的结果——果然米饭煮得很好吃，再加上真诚的态度和语气进行赞美，会让孩子相信妈妈是真心地在称赞自己，而这也会让他更加相信自己能做好。

对于孩子来说，父母的尊重、引导、鼓励、支持就是最好的激励。真正的激励，就是充分尊重孩子的喜好，支持他去做自己想做的事情，或根据孩子的性格特点引导他在合适的领域产生兴趣，肯定他的付出和成果，让他获得更多源于内心的力量。

当然，激励的形式除了这种精神上鼓舞和行动上的支持之外，也可以有物质上的奖励，比如去吃一顿大餐、买一件心仪已久的礼物、一起外出游玩等。物质激励在具体使用时，要更加注意与内在动机的协调性，否则很容易使内在动机受到破坏。

《内在动机》一书中就说道：

外在激励确实有可能不伤害内在动机，但前提是将金钱奖励当作对付出的认可和感谢，而非当作一种激励手段。

这是什么意思呢？举个例子来看。

期末考试快到了，你的孩子进入了紧张的复习阶段，你知道孩子平常的学习成绩并不是特别好，为了给孩子更多动力，你打算使用一些物质奖励。

如果你跟他说："要是这次你能考到全班前十，我就给你买那双你一直很喜欢的运动鞋。"这种说法很可能会对孩子的内在动机造成破坏，因为将名次和奖励直接挂钩，其实就是在用奖励控制孩子的行为。渐渐地，孩子就会把好好学习当作获取奖励的方式，而忽略自己在学习过程中内在的成长和精神上的变化，一旦奖励消失或者不符合预期，他就会失去学习的动力。

如果你跟他说："要是你这次考试进步了，为了肯定你的努力和在学习上的收获，爸爸妈妈会把你一直以来都很想买的运动鞋作为礼物送给你。"这种说法强调了对孩子努力和付出的认可，会让孩子觉得他所做的事情是值得的，是有价值的，因此不但不会削弱内在动机，反而会产生促进作用。

动机有内外之分，内在动机源于内心所愿，外在动机主要源于外界影响，包括物质奖励、他人期望、虚荣心满足等。我们去做一件事情，离不开内外动机的驱动，但若过分强调外在动机，就会使内在动机受到破坏。长此以往，人就可能患上"空心病"，更严重的还会发展为"工具人"。

什么是"空心病"呢？几年前，有一篇关于北大学生"空心病"的文章，对该病进行了解释——他们感觉内心空虚，生活没有意义，不知道自己存在的价值是什么，也因此失去了前进的动力。

激励既是外在动机的一种，也是调节内外动机的方法。但是，只有将内在动机与外在动机协调配合起来，才能做到既不伤害孩子内在的生机和活力，又能最大限度激发孩子做事的动力。

好的夸奖语言有三个作用

这孩子真是聪明，不用怎么努力就能学习这么好；

这孩子真是懂事，别的孩子都要这要那，他什么都不要；

这孩子真是听话，一点都不胡闹，爸爸妈妈让做什么就做什么。

这样的言语夸奖，家长们肯定都不陌生。不知从何时起，生活中父母对于孩子的鼓励、夸奖越来越模板化，"你真棒""你好聪明""加油""好好干"……诸如此类的"万能句"，父母们张口就来。对于那些成绩好、表现好的孩子，"聪明""听话""懂事"这些词，父母们更是常常使用。

我们通常会认为，直接夸奖孩子能帮助他们建立自信，但近年来广泛的研究发现，这种夸奖会损害孩子的学习动机、心理弹性（抗压能力），甚至在某种程度上阻碍他们的人生发展。

很多脑科学、心理学领域的研究都表明，夸赞孩子的天赋（聪明）是很多家长惯用的称赞方式，但是这种方式更容易给孩子造成负面影响；而"乖"和"懂事"从某种程度上来说并不是称赞，总被这样形容的孩子，有很大可能长不好。

关于"夸赞天赋"对孩子成长的影响，美国斯坦福大学心理学教授卡罗尔·德韦克曾做过一项实验，其结果显示被更多地表扬聪明的孩子会逐渐偏向于固定型思维；而被更多地表扬努力的孩子则会偏向于成长型思维。

这两种思维有什么不同呢？

习惯以固定思维行事的孩子，会把天赋当作成功的最重要的因素，在他们看来，聪明与否是先天决定的，努力和聪明是对立的，聪明的人不需要付出太多就能获得不错的成绩，否则就是愚笨。他们只会乐于去做那些能显示出他们天赋的事情。比如当他们被夸奖在某个学科有天赋时，就会把更多的精力放在这个学科上，而不愿努力去学好其他的学科。他们不敢挑战新的事物，排斥批评，很容易被困难打败，很容易否定自己。在他们眼里，成功和失败都是对自己能力的检验，成功了就证明自己的天赋和能力高人一等，而失败则暴露了自己的愚蠢和无能。

而具有成长型思维的孩子，不把先天的优势当作成功的首要因素。在他们看来聪明就意味着智力水平高，但智力并非固定的，也不能简单地用聪明和不聪明来划分，而是取决于付出的努力，只要足够努力就会在一定程度上变得更有智慧，甚至到达了一定的节点，就会越努力越聪明。他们善于听取别人的建议，尤其是那些建设性的意见或批评，乐于尝试新的事物，享受进步成长的过程。在他们眼里，挫折和失败并不是永恒的，它们只是在提醒自己，有些地方所做的努力还不够，进而将其视为成长的机会，更加充满热情和动力。

可以说，对孩子天赋的夸奖可能直接影响他们对成功或失败的归因——是先天的聪明才智让我获得了成功，是固有的愚蠢导致了我的失败。显然，若孩子这样认为，那么一旦他们遇到一次较大的挫折，可能从此会一蹶不振。因为如果认为成功取决于努力，那么至少还可以通过继续努力来达到目标，而天赋却是无法更改、不能调节的。

可能会有家长有所疑问：让孩子知道自己擅长哪些事情，在哪些方面有天赋不是很重要吗？如果在自己不擅长的方面盲目努力，那努力不就白费了吗？

的确，让孩子知道自己的天赋所在非常重要，但是相比于天赋，努力更加重要。要知道，每个孩子，不管他看起来是什么样，就算是非常普通，他也是有某些方面的天赋的。当然这些天赋可能因为没有被挖掘和培养，不能明显展现出来。这在一定程度上说明，"天赋"并非如此稀缺，相反，极度的努力才是。

那些在现实生活中被称为"天才""学神"的孩子，正是因为他在某个方面展现出了些许天赋，然后通过付出比常人多几十倍，甚至几百倍的努力才达到了这样的境界。换言之，天赋只是一块敲门砖，真正让人达到至高境界的却是努力。有天赋而不努力，最终的结局往往就是"伤仲永"。

当然了，在"天才"的形成过程中，尽管天赋的分量很少，但是作用却不可忽视，没有这一点点的天赋作为前提，付出的努力恐怕要多到无法计量，甚至即便付出了巨大的努力也不会获得理想的回报。

所以，并不是不能夸奖孩子聪明，而是不能单单夸奖孩子聪明，要在这之外添加更多的描述，让他们知道他们所取得的成绩、成功，更多的是源于他对于自身所长付出的努力。

好的夸奖语言能够给予孩子恰如其分的自信和无限前进、拼搏的勇气，而不是让孩子盲目自信，故步自封，放弃变得更好的机会。

除了这两点以外，好的夸奖语言还应该让孩子认识并坚持真正的自我。

"乖"和"懂事"，也是大人们习惯使用的表扬词汇。在孩子成长的过程中，大人们总会有意无意地用"乖"和"懂事"来评价孩子的品质。而他们所定义的"乖"和"懂事"，往往就是孩子听不听自己的话，有没有按照自己的意愿行事。

记得小时候，和妈妈、姨妈还有弟弟妹妹们去逛街，一路上好吃的、好玩的琳琅满目，这对于年幼的我来说，简直是致命的诱惑。

当姨妈指着一个造型精致的糖人问我们这一群小孩子："你们想不想吃这个？"看着弟弟妹妹争先恐后地说"想"，我也努了努嘴要说出口时，突然瞥见妈妈皱着眉头的眼神，于是我马上摇摇头改了口："我不想吃，给弟弟妹妹们买吧。"

妈妈摸了摸我的头，欣慰地说："真乖。"然后温柔地去揪弟弟妹妹的耳朵："你看你姐姐多懂事，什么都不要。"

我得到了一句"真听话"的表扬，而弟弟妹妹们得到了他们想要的糖。大人们都欣慰我的懂事，可他们却不知道，对于一个小孩儿来说，吃不到糖就是天底下最悲伤的事。

从那之后，我也开始知道，有时候想要什么东西也不能说出来，因为大人会不高兴。

对于很多大人来讲，他们表扬孩子乖和懂事，其实是在肯定孩子的那种无条件顺从大人的行为，因为他们要的就是孩子的听话和孩子的绝对服从。

出于这种目的的称赞，"乖"和"懂事"就意味着对孩子自我意识的否定和剥夺，意味着对孩子不能释放自己的情绪和欲望的认可。是的，如果孩子按照大人的意愿行事，的确有利于大人的管教，但却不利于孩子自身的成长。

孩子再小也是一个独立的人，他们拥有自己的思想，也拥有很多欲望，当然也不可避免地会犯错。如果父母总是用"乖"和"懂事"这样的词汇表扬孩子，以让他们按照他人的意愿行事，就会导致他们逐渐对"自我"意愿的实现感到非常迷茫，分不清什么是真正的自己，分不清自己和别人的边界是什么，这种模糊的边界感会让他们缺少原则和底线。

他们会为了获得爱、肯定、称赞，而用力地压抑自己的需求，不断自我牺牲甚至自我遗忘。因为他们认为，自己只有表现出父母所希望的样子，才能获得肯定和喜爱。这种思维模式会从父母这层关系逐渐延伸到更广的范围，会让他们逐渐忘记自己想要什么，而习惯于优先揣测他人的喜好，过于在意外界的评价，以至于最后发展为表演型人格，一个依靠讨好别人来获得安全感的人。

这样的孩子，随着年龄的增长可能会出现更多问题，那是长期的压抑和模糊自我而碰撞出的产物，通常表现为不想做某件事但又不敢拒绝的怯懦、害怕惹别人不高兴的敏感、不断否定自我的内耗……

诚然，人类具有的社会属性决定了一个人必然会受到社会评价的影响，但这并不意味着需要以牺牲个体主观意识的展现为代价。个体自我意识和外界评价（包括父母的评价）之间的关系，本应该是，个体通过自我意识的展现，努力得到他人的肯定，从而获得自信心和幸福感，而不是为了得到他人的肯定，去转变、更改自己的意识。这样只会让人的内心变得脆弱空虚，极其容易被摧毁和动摇，这也是为什么那些很乖、很懂事的孩子，长大了反而会更容易出现心理问题，更容易遇事冲动和崩溃的原因。

所以，"乖"和"懂事"并不是好的夸奖语言，甚至在一定程度上算不得夸奖。真正好的夸奖语言应该是建立在肯定孩子自我意识之上的，只有这样，孩子才能因此变得强大，获得幸福感。

总结来看，好的夸奖语言要具备三个作用，即帮助孩子肯定自我的存在、建立自信心、获得不断前进的勇气。

当然，这也并不意味着诸如"聪明""懂事""乖巧"这样的词语不能出现在夸奖孩子的情境中，而是要注意使用得当，合理搭配其他的语句，让孩子知道自己聪明之后仍然不忘努力，让孩子变得懂事的同时也不会磨灭自我的意识。

让孩子体会到你理解他的感受

其实，当我们深入地去和孩子沟通之后，就会发现，不管是询问、引导、激励还是称赞，要想获得好的效果，核心就在于要感同身受地体恤孩子，让他体会到来自父母的真诚和理解。这就是高质量聊天的一个主要条件——情绪互动。

只有当孩子感觉到父母是从"我"的角度出发，很理解"我"现在是怎么想的，他们知道"我"的感受，明白"我"的欢乐或是痛苦，他们才能真正敞开心扉与父母交谈，才能把父母的话听到心里，父母的教育也才能起到作用。

就拿称赞、夸奖来说，我们常常以为赞美的话谁都喜欢听，但实际上不然，有些夸奖就会引起孩子的反感。

有一次，朋友跟我说了她女儿身上发生的一件事情。

她的女儿前段时间新换了一个素描老师，可是刚跟着新老师学了没两天，小姑娘就说不喜欢这个老师。

为什么呢？朋友问了自己的女儿，小姑娘说："这老师总是夸我画得好，画得棒，但是我知道自己画得并不好，他的夸奖就让我很不舒服。"

朋友的女儿为什么对于这位老师的夸奖如此抵触呢？其实就是感觉到

了他的不真实，他的不实事求是。

我们总以为夸孩子就是鼓励孩子，其实这两者之间并不是自然而然的，是需要建立一定的连接的。只有孩子感觉到夸奖是真实的时候，夸奖才能起到激励的作用。适当的夸奖会给孩子一定的动力，但是不合理的夸奖只会带来不好的结果。

别看年龄小，孩子们其实都有对自我的一些认知，对于那些自我认知准确的孩子来说，如果夸奖的语言违反了他们对自己的认识，就会让他们产生"这是故意在刺激我吗？我是不是有点太差劲了"的怀疑，从而不仅起不到激励作用，反而会打击孩子的自信心。因为这根本上，就是在动摇孩子的自我认知，否定真实的他们。

可以说，孩子所需要的夸奖是来自父母用心了解他们之后所传达出来的真心诚意的赞美，而不是一种与事实严重不符的应付。

前面我们还提道，"聪明"不是好的夸奖语言。近年来，随着相关的心理学理论的兴起，很多家长也都意识到了过于强调孩子聪明的弊端，于是都开始向着"称赞努力"转变。

然而新的问题又出现了，在实践的过程中，不少家长会发现，夸赞努力对自己的孩子并没有什么用处。努力并不一定有回报，一味强调努力也会让那些付出了很多辛苦却没有得到回报的孩子心生气馁，同样变得不敢挑战。

这是为什么呢？其实不难理解，过分强调聪明的确不是什么好事，但是有的孩子更受用于被夸奖聪明，当听到别人说自己聪明时，他就会产生更多探索的勇气和信心，去不断开拓。对于这类孩子，就需要多称赞他聪明。

比如一个本性踏实肯努力的孩子，其实不用别人多么强调努力的重要性，他会自然而然地下苦功夫，他更需要的是别人对自己天赋的赞美。因为在他的潜意识里，自己就是一个笨笨的、没有天赋的孩子，只有通过加倍的努力才能获得跟聪明的人一样的成绩，但是努力久了不免感到气馁和懈怠，如果这时候有人告诉他，你其实很聪明，你不是一个笨小孩，只不过有比你更聪明的人，所以才显得你有点普通，但你要相信你跟别人不差什么。这样的教导能够帮助他很快重拾信心，继续努力下去。

也就是说，好的夸奖语言并不是避免禁忌并套入万能公式就可以，而是要根据孩子所需以及当下的环境，在用心了解孩子之后才能说出来的。

同样的，对于在孩子表现得不好或者犯错的情况下，用心理解他们更加重要，这时候的鼓励和安慰甚至能成为孩子一生的财富。

我们总是在说进步，谈成长，那么人是如何获得进步和成长的呢？除按部就班地学习外，进步和成长更多的是从困境和失败中获得的。

没有人不会犯错，永远一帆风顺，那些能够取得成功并有所作为的人，并不是他们不会失败、不会犯错，而是他们能够客观看待失败和错误，从中获得经验和教训，进而调整好自己的状态战胜它们，让自己变得更强、更好。换言之，他们有着一套成熟的应对逆境的调节机制，这使得他们不会轻易被困难打败。

而这种调节机制的核心就是拥有一个强大的内心，其关键就在于父母为他们打造的坚实的后盾以及他们自身具有的较强的情绪调节能力，这种能力源自在幼年遭遇困境时父母给予的理解和鼓励。

生活中常会听到有人感叹"现在的孩子心理都太脆弱了"，尤其是在一些青少年自杀、自伤或抑郁的事件发生之后。在家长看来，不过一件很小的事情，到孩子那里却能掀起滔天巨浪，出现各种心理问题，甚至还会寻死觅活。

在物质资源日益丰富的今天，人们将孩子"脆弱"归因于他们生活过于顺遂，经历的挫折、困难太少，受到的照顾太多，因而身心承受能力无法得到锻炼，遇到一点不顺心的事情就会受不了。

这种说法听起来很有道理，实际上是不准确的。确切地说，孩子的"脆弱"除了性格的原因，更多是由后天情感关怀的缺失造成的，尤其是在遭遇了挫折、困难的情况下。

一个所谓的心理脆弱的孩子，表面上看似是因为心理承受能力太差，但根本原因在于他们缺少一个有效的"心理消化系统"。这一心理消化系统包含了自我抚慰、自我理解、自我接纳、自我调整等一系列心理能力。这些能力的缺失使得孩子在遇到问题、产生负面情绪时，不能做出合理反应，有效地调节自己的状态，因此就容易走向极端。

而这些能力并不是天生的，其获得的关键在于父母对于孩子失意时的反馈。换言之，孩子只有有过在困境时被父母抚慰、理解、接纳的经历，他才能学习和发展这部分能力。如果错失了童年心理成长的良机，即使日后他们希望通过自己的力量来重建，也必然面临更大的挑战。然而不可否认的是，现实中大多数家长在面对孩子犯了错、受了委屈、有了困难时，首先都是责怪、质问孩子，甚至冷嘲热讽，还标榜是为了孩子好，是爱孩子。

> 孩子不小心摔坏了一个杯子，母亲大声呵斥他："你怎么那么没用？！"见了熟人没打招呼，父亲开口就教训他不懂礼貌！"考试没考好，父亲就说他笨，是猪脑子……

的确，看到孩子犯了不该犯的错误、做了不该做的事情时，作为父母第一反应就是恨铁不成钢地教育他们，给他们讲道理，实在不行就辱骂、威胁。当然目的都是想让孩子变得更好。

然而，这样的方式虽然出发点是好的，却并不能达到父母所期望的目的，因为孩子从中无法体会到爱的力量，孩子的情绪没有被安抚，他只会看到父母对自己的否定和忽视，感受到父母的冷漠和厌烦。这种情况下，孩子又怎么会听父母的呢？他们只会想方设法地远离父母，甚至故意与父母对抗。只有当他们从父母的反应中知道父母是爱自己的，这种爱就会成为他们坚强的后盾，让他们勇敢地去面对更多困难。而父母对于他们的接纳和安抚也会让他们逐渐懂得自我调节，安慰并接纳自己的情绪。

可以说，要想让孩子不怕挫折困难，不再敏感脆弱，最有效的方式就是在他小的时候遭遇了不愉快、不开心时给予他足够的宽慰和理解，让他知道，当他被欺负而害怕不安时，当他有困难而不知所措时，当他犯了错而担惊受怕时，都会有一双温暖的手牵着他走过黑暗，有一个厚实的臂膀让他依靠，给他力量。

在家庭出现变故、夫妻吵架、亲子产生矛盾，尤其是孩子刚刚出现叛逆行为时，父母也要注意关注和回应孩子的情绪，这是促进亲子关系、有效降低孩子叛逆程度的最佳时机。

很多人形容叛逆的孩子就像是发疯的小野兽，常常不考虑后果地一意孤行，谁的管教和劝告都不听。事实上，叛逆的孩子看似很疯狂，内心却是极其脆弱的，他们更需要来自父母的关怀和安慰。

小江离家出走了，对于处于叛逆期的儿子的种种行为，小江的父母既生气又无可奈何，恨不得找到他时狠狠地揍上一顿。

警察到时，小江正躲在公园的一个角落里，可怜巴巴地啃面包，转脸看到父母满脸怒火的样子，马上露出了愤恨的眼神。

就是这样一个看似对父母充满恨意的孩子，面对警察的询问时，却说出了这样的话："我就是觉得他们太不关心我了，总是否定我的想法，一点都不理解我。"

孩子的成长本该是一个令人欣喜的过程，可有太多的家长却发出这样的感叹："孩子越长大越难管，越没良心。"孩子是一个独立的个体，随着身体机能和认知能力的发展，他会逐渐显露出自己的棱角，这是正常的也是必需的，但父母们往往会把他们的这些棱角当作不听话、没良心的表现，从而不予接受，反而给予打压。很多孩子的叛逆就是这样被促成的。就像例子中的小江，他之所以叛逆，不过就是因为没有感受到父母对自己的关心和理解，转而以一种极端的方式来表达自己的诉求。

其实，孩子对来自父母的爱和理解的需要，远远比父母想象得要多得多。不管是高兴还是悲伤，不管是逆境还是顺境，他们都会渴望和父母分享，向父母倾诉，从中得到安慰、鼓励和理解。

很多时候孩子不听父母的良言劝导，不跟我们说心里话，不回应我们的关心，并不是因为他们冷漠、固执、无知，而是因为他们没有从父母那里感受到理解和包容。他们所听到的只有来自权威者的强迫和说教，这种感觉促使他们变得沉默和叛逆。

所以，想要让自己的话在孩子身上起到作用，想要和孩子建立有效的交流，父母一定要学会从孩子的角度看待问题，捕捉并安抚他们的情绪、情感，让他们体会到父母是真的在乎他们、了解他们的。

第五章

有效对话 2：怎样通过沟通话术让孩子"听话"

从情绪入手，找到解决问题的关键

有人说，孩子的问题，基本上都是情绪的问题。这样的说法看似太绝对，其实是有一定的道理的。

某网站上，在"毁掉一个孩子有多么容易"这一标题下，有一个饱受抑郁症困扰的男孩分享了自己的故事：

> 我成绩很好，在学校里被同学们称为"学霸"，可是我却很少将自己的成绩单拿给父母看。其实，以前也和其他同学一样，是很想和父母一起分享那份喜悦的。
>
> 有一次，我拿着考了99分的卷子回家，怀着十分激动的心情跟父母说自己考了第一名，可是，父亲看都没看一眼，就不屑地说："99分你就以为很高了，能考满分的人多得是，别人考100都没说什么，你有什么可骄傲的！"
>
> 印象里，自己不管考多少分，父母都没有高兴过，更别说有奖励了。我不明白父母为什么要这样，好像巴不得自己难受一样，我一直觉得父母是不希望自己开心的。
>
> 就这样，在越来越多的"事实"面前，我越来越觉得父母不爱自己，自己很没用，不应该活在这个世界上，心里也就越来越压抑苦闷。

现在出现心理问题的孩子越来越多，而当我们深入探究其中的原因时，往往会发现，其根源就是情绪问题。就像例子中的男孩一样，他之所以被抑郁症困扰，就是源于父母对自己情绪感受的忽视与否定。如果当男孩拿着成绩单回到家时，父亲能够看到他内心的兴奋和欢喜，能够感受到他渴望被认可的心情，告诉他，他真的很棒，那么他一定会比现在坚强得多、快乐得多。

很少有父母不爱自己的孩子，但也没有多少父母真正懂得如何爱孩子，对孩子情绪的不关注和不回应就是最典型的表现之一。

美国心理学家约翰·戈尔曼就曾说，亲子相处中只有爱是不够的，很多深刻爱着孩子的父母并不知道如何回应孩子的情绪，更不知道如何引导孩子调节自己的情绪，这就造成了很多问题。

按照父母面对孩子时的反应特点，戈尔曼教授将亲子间的情绪互动分为四个类型，其中有两个类型是生活中最常见的，也是最容易对孩子造成伤害的。

首先是忽视型。这一类家长展现出来的特点是无法正视、不能接受孩子的负面情绪，总是刻意回避。

他们有的认为孩子展露负面情绪是不理性的表现，家长的关注只会让它变得一发不可收拾。因此，他们采取的做法往往是不理会。

有的虽然不会过于否定孩子的情绪，但是会对此感到不耐烦，只希望孩子的负面情绪早点转好。因此，习惯用各种方法去转移孩子的注意力，比如带他去买好吃的、开启新的话题等。

还有的人会认为孩子有负面情绪是父母无能的体现，正面情绪则是促使孩子变得不好的苗头。对此，家长会产生紧张和焦虑的感觉，为了避免这种感觉，家长会无意识地对孩子的情绪采取低温处理，表现出来的就是冷漠、淡然的态度。比如孩子兴奋地说："我今天考了第二名！"父母却淡淡地回应："嗯，真不错。"孩子有些沮丧地说："我跟好朋友吵架了。"父母回应说："没关系，慢慢就会好的。"

常被这样对待的孩子，不能很好地感受到父母对自己的爱意，也因此不能够建立起足够的安全感。与此同时，父母对孩子情感的忽视，间接关闭了孩子体验情绪和认识情绪的机会，使得他们难以学到情绪管控的本领。这样的孩子性格上可能会非常敏感，容易情绪化，不能很好地处理自己与他人之间的关系。

其次是否定型。这类家长与忽视型家长在本质上是相同的，但在具体应对时更加残酷冷血，倾向于对孩子的情绪直接强硬否定，表现出来的是严厉批评、贬低甚至打骂。

这类家长往往对孩子的情绪带有偏见，不能正确认识情绪的作用。比如有的家长会认为哭闹意味着脆弱，是性格弱点的体现，因而他们不能允许孩子存在这样的弱点，所以一旦孩子表露出"哭"的迹象，他们就会严厉呵责；还有的家长认为有的时候，孩子的情绪是某些不好行为的信号，就像开头的例子，男孩考了好成绩很高兴，而父亲就会认为这就是他骄傲自大的征兆，所以非但不给予表扬，还严厉苛责了一番。

在这样的环境中长期生活的孩子，难以正视和认可自己的情绪，性格上更容易自卑、阴郁，父母的羞辱和打击会让他们怀疑自己作为人而存在的价值和意义，因此更有可能有心理健康问题。

以上两种应对情绪的方式，不仅会让孩子出现诸多性格、心理问题，还会影响孩子与父母的关系，影响亲子之间的沟通。如果父母经常对孩子的情绪如此回应，孩子慢慢就会对父母关闭心门，抗拒沟通。

一般来讲，所有的教育问题都存在一个共性，那就是不注意孩子的感受，没有与孩子建立情感联结。很多时候你的话孩子不听，你的建议孩子不想采纳，你的批评孩子无动于衷，并不是因为你说得不对，而是因为你没有说到孩子的心里。

很多大人只把沟通当作一个人的说教，其实，沟通的效果，是由对方的感受决定的。只有当孩子感觉到你是在为他好时，他才会去认真听你的话，考虑你的建议，并为之付出行动。否则你再怎么良苦用心，孩子也会抗拒。

教育家简·尼尔森在其《正面管教》一书中就曾提到过：

在纠正孩子的行为之前，先建立情感联结。因为孩子只有先感受好，才会做得好。当然，让孩子“感觉好”并不是有求必应，而是学会对孩子说“我爱你”。

只要从情感上给予孩子足够的温情和关怀，即使在行为上严肃对待，孩子也会乐意接受。父母对孩子情绪感受的关注和回应，是孩子健康成长的基石，也是孩子安全感的主要来源。只有当他们的情感获得满足，察觉到父母对自己的爱时，他们才能更好地成长，更勇敢、独立地面对挫折和错误。

亲子综艺节目《妈妈是超人》里，包文婧带着女儿饺子到邓莎家里做客，大人聊天，两个小孩子在一旁玩。

突然间，邓莎的儿子大麟子不小心撞到了饺子，饺子当即大哭起来。见此情形，大麟子也吓到了，马上躲进了妈妈的怀里。

儿子撞倒了客人，作为妈妈，邓莎立刻变得严肃起来，她把儿子推开，并让他赶紧向妹妹道歉。然而，平日里特别通情达理的大麟子，这时却闹起了脾气，先是噘着嘴对妈妈说的话不理不睬，后来被逼急了竟然哇哇大哭起来。

最后，邓莎意识到这样的方式行不通，就耐下心来带着大麟子一步步还原事情经过，从他的失误说到饺子感受到的疼痛。这样，很快大麟子恢复了平静，主动去跟饺子说了对不起。

大麟子为什么会有这样的转变呢？从上面的情形中，我们不难发现，当大麟子撞到了饺子，饺子大哭时，大麟子本身也受到了惊吓，情绪是不稳定的，这时候妈妈再严肃地要求他道歉，他心中的不安就会放大，因为他感觉到自己是孤立无援的，是与别人对立的，因此就会不知所措、哇哇大哭。而当邓莎转换了方法，选择安慰孩子，耐心地跟孩子解释时，大麟子内心的不安和恐惧就被抚平了，于是就会跟着妈妈的思路走，进而认识到自己的错误，进行了道歉。

可见，孩子的情感需求是否得到满足，对于沟通的效果起到了决定性的作用。

沟通是信息的双向流动。在沟通中，每个人都既要努力地让对方来理解自己，也要努力地去理解对方。因此，亲子之间的沟通需要子女和父母的共同合作。它不仅需要子女能够积极地表达自己，也需要父母能够积极地回应子女，更需要亲子之间平等、相互尊重的关系作为前提。

很多时候孩子出现哭闹不止、态度蛮横等情况，看似非常严重，但究其根源，并不是出现了什么大不了的事情，只是父母没有关注到孩子的情绪并对此做出合理的回应而已。

教育并不是一个告知和被告知的过程，父母与子女也并不是说教者和受教者的关系，如果父母是这样认为的，就会想当然地忽视很多重要因素，比如孩子的情绪、孩子的偏好、孩子的心理、孩子的性格特征等。这种单边主义思维方式，最容易让人陷入教育困境。

所以，想要让教育有好的效果，能获得正向反馈，最关键的就是与孩子建立情感联结，从情绪入手去找到解决问题的方法。

建议：想办法让你的诉求和孩子的痛点碰在一起

作为父母，面对年纪小、阅历尚浅的孩子，当他们在很多事情上不知如何选择、不知如何处理时，总有一股冲动，想要把自己所知道的相关的所有经验都告诉他们，希望他们能做出正确抉择，少走弯路；当他们做得不够好、暴露出缺点时，总想着马上让他们改正，从而变得更好。

然而，残酷的现实却是，孩子对于父母的建议总是不愿采纳或者根本不想听。这就让很多父母犯了愁，好像一身本事毫无用武之地，并且还要眼睁睁看着孩子做出错误决定、变得越来越不好。因此，怎样让孩子乐于聆听和采纳自己的建议，就成了父母们迫切希望解决的问题。

当然，问题的解决总少不了原因分析，在让孩子"听"之前，首先我们得知道他为什么不听。

毫无疑问，最大的一个原因就是孩子感受不到父母的尊重和诚意。

朋友说，每次都下定决心跟父母推心置腹地聊一聊，却每次都被他们那句"我觉得你应该……"击退。

从小学时候开始，每次朋友有什么事情想问问爸爸妈妈的意见时，她刚一开口说出什么事，父母就会马上打断她，张口闭口"你应该这样""你应该那样"。

朋友的初衷，是想跟父母说说自己的想法，问问他们的意见，然后综合去考虑。可她的爸爸妈妈每次都不等她说出自己的想法，就着急地表达自己的观点。久而久之，朋友就觉得没有必要再同他们商量了，反正他们也根本不在乎。

其实大多数孩子在最开始是倾向于主动寻求父母的建议的，毕竟父母是他们最信任的、经验和阅历十分丰富的成年人，但他们需要的是真诚的建议，而不是命令和强行灌输。这样即使父母的建议再正确，孩子也会和父母对抗。

提建议也需要使用合适的语言。有时候可能父母并不是这么想的，但是表达出来的却是这样的意思，这也会导致结果达不到预期效果。

有时候，父母的建议对孩子不仅没什么用，还让孩子的思维更乱了。

大学即将毕业时，表妹想考研究生，琢磨了很多天，终于选出了三所自己想考的大学，但是实在是敲定不了哪一所，于是向爸爸发出了"求救"信息。

事实上，姨夫早就知道表妹的这个想法，并且早就给表妹物色好了几个学校，但是他们所选的学校并没有重合。已经有了几所学校先入为主，姨夫对表妹所提及的学校自然缺乏兴趣，于是他给出的建议就是："这三所学校我觉得都差不多，我也看好了几个，比如……这几所学校不论知名度、师资力量，还是就业前景都特别好，不行你就再考虑考虑。"

表妹本意是在三个中选择一个，经过姨夫的这一建议，事情没解决不说，原本的计划也被打乱了。

孩子寻求建议意味着他本身不能很好地把这件事情整明白，因此给予建议就应该是依据孩子的思路，帮他将问题厘清，然后再加入新的内容。而例子中姨夫的做法就属于乱上添乱，他没有认真地在给孩子建议吗？有！但是对解决问题有帮助吗？没有！很多父母觉得自己费心费力地给孩子提建议，但孩子却不领情，很可能就是这个原因。

还有一种情况就是，孩子的目的并不是寻求建议，只是想发泄一下情绪。

想一想我们自己，在遇到了烦心事、遭受了挫折之后，最不假思索地做出的事情是什么？是找一个人倾诉、发泄。在这一过程中我们可能会问很多问题，表达出自己的迷茫、纠结，但是并不想得到答案和建议，因为我们就是想纯粹地发泄自己的怨气，如果这时候对方很认真地为我们分析原因，提出建议，我们不仅不会采纳，反而会觉得不耐烦。

我们是这样，孩子也是。情绪上头的人，又能听得进去什么呢？所以在孩子情绪激动的情况下，不要提建议，更不必烦恼"我的建议他怎么不听"。

而以上这些问题的本质，都是父母太倾向于表达自己了，忽略了孩子的真正诉求。提建议的正确流程，应该是先了解孩子的需要，然后根据自己的认知、经验等提出自己的看法，再和孩子共同讨论，或者让孩子自行考虑做出选择。如果这个顺序反了，沟通就不会顺畅，自然父母的建议也得不到孩子的认可。

事实上，让孩子乐于听取和采纳父母的建议并不难，要点就在于如何让你的观点和孩子的诉求产生联系，让孩子觉得他和你的想法是有共通之处的，而不能让孩子感觉你们的想法是对立的。

那么，具体如何去做呢？任何问题的解决，都需要在思想上对其有正确的认识，行为上付诸实践。

首先，父母要对自己的经验有合理的认知，调整好"提建议"的心态，放下过来人的身份。

有的父母在和孩子提建议时，最常说的话就是"我过的桥比你走的路还多，我吃的盐比你吃的饭还多"。不可否认，父母处世多年，肯定积累了非常丰富的经验，但是这些经验对孩子真的有用吗？现实来看，并不一定，经验多不代表有远见，过去的经验也不一定适用于现在。

对于大多数父母来说，一方面，他们所接触的圈子一般都是比较固定的，经常打交道的也都是差不多年龄的人，思维不免固化，无论父母本身是开放的还是保守的，是包容的还是偏激的，他们所受到的时代、圈子的无形的影响是一定存在的，包括对日常生活、人际交往、人生规划的认知等；另一方面，父母的经验大都是从自身经历所得，那些曾经极度渴望的、难以获得的事物就会成为父母人生规划中的重要目标，但其中大多数并不是孩子想要的，或者说在现在的时代不是最佳选择。

因此，父母要正视自己的认知和思维，接受自己的局限性和时代的进步性，给孩子建议时要放平心态，不要总觉得自己就是正确的。这样一来，你的语气、语言、动作、表情都会发生变化，会让孩子更容易接受。

其次，提建议也要分情况，不要事事都提建议，有的事情要忍住不发声。

作为父母，希望孩子的人生一帆风顺，不走弯路，这无可厚非，但是有些弯路是必须要走的，人的很多能力、意志、品格都是在挫折中锻炼出来的，只有试错，才能获得真正意义上的成长。

所以在一些小事上，如果孩子想法非常坚定，就放手让他去做，做对了他能积累经验，做错了能得到教训。如果一个孩子习惯了等待父母的建议，那么他同时也会变得懒惰、喜欢逃避和不负责任，失去创造力和探索精神。

再次，提建议尤其要使用合适的语言。有时候同样的意思，换一种说法，给人的感受却截然不同。

很多父母在给孩子提建议时往往会使用陈述语句，并且以自己的感受为主，比如使用"我觉得……""妈妈认为……""你应该……"一类的句式。这样的句式，就算父母本身是心平气和地、没有丝毫强迫意味地在表达自己的看法，孩子也会觉得父母是在命令他、要求他。如果你也有这样的习惯，可以尝试转换一下说话的方式。

比如，把陈述句换成疑问句，尝试列出选项，而不是直接给出答案。有位妈妈就曾尝试过这样的方式，并且取得了很好的效果：

周末带孩子到游乐园玩，结果到下午天都快黑了，他还是不肯走，我说了好多次"我们该回家了，天已经太晚了"，孩子就是无动于衷。

想起来之前有位朋友的建议，于是我打算换个说法："还有十分钟我们就要回家了，你是想再玩会滑梯还是蹦床呢？"

听到我的问题，他思考了一下说："妈妈，那我再玩会滑梯吧。"

这样简单的一句话为什么会有这样的魔力呢？其实很容易解释，当妈妈直接说"该回家了"，孩子一方面没有感觉到时间的紧张；另一方面会觉得这是妈妈在命令我。而换了说法后，孩子的感受就截然不同了。"十分钟"给了孩子压迫感，让他知道的确该回家了，更重要的是后半句摆出的选项，让孩子有了自主感。

相比于被安排，孩子更喜欢自主安排；相比于命令的感觉，孩子更倾向于自己选择。孩子更多的时候不是没有方向，而是不知道选择哪一个。直接给出答案，不如帮他列出选项、缩小选择范围，这样不仅提供了建议，帮助他更好地思考，也能让他学习如何做决策。

当你希望 5 岁的孩子不要买那么多零食时，可以说"你是想要巧克力还是棒棒糖？"当你想让 10 岁的孩子快速写作业时，可以说"你想先做有挑战性的数学还是你很擅长的语文呢？"当你想让练书法的儿子更用心时，可以说"你觉得这个字扁一点好还是高一点好？"当你想让弹钢琴的女儿更精进时，可以说"你觉得这段弹得慢点好还是快点好？"

在指出孩子的不足之处和错误时，要尽量使用温和的词语，比如把"但是"变成"虽然"，生硬的转折词表现出来的是居高临下的态度，提出建议的同时也表明了你对孩子的隐隐的否定。

比如这两句话："这件事情你做得不错，但是有些地方还需要改进"和"虽然有两个地方还有些欠缺，但整体已经非常棒了"，前者传达出来的是美中不足，而后者则是瑕不掩瑜。毫无疑问，虽然两句话都提出了同样的问题，但后者更容易让人接受，也更有鼓励意味。

除了口头上的"说"，以身作则更有效果。有的时候，说一万句不如实践一次来得管用。

费曼先生在《智慧人生》中就曾叮嘱父母们：

> 不要唠叨，不要啰唆，只要以身作则，不可朝令夕改，也不必三令五申，孩子们会受到潜移默化的影响。

如果不想让孩子玩手机、沉迷网络，那么父母回到家里就不要让自己的手和眼"长"在手机上；如果想让孩子有毅力、有决心，那么父母就不要有三天打鱼两天晒网的习惯；如果想让孩子爱运动，那么父母就不要总是赖在家里；培养孩子热爱阅读的最好办法，就是自己经常捧起一本书去读，当孩子看到了父母对于阅读的坚持和热爱时，他也会在无形中受到影响，不知不觉地看起书来。

给孩子建议，也要以尊重孩子的意愿和个性为前提，若只是一厢情愿地、强行地将个人的认知、经验，凌驾于孩子的意愿之上，那么这样的建议，很大程度会带来不好的后果。比如会让孩子本该灿烂的人生变得平庸，让孩子本可以稳固的内心世界变得脆弱。

说服：找到一个切入点，让孩子自己说服自己

在教育孩子上，"讲道理"是很多人推崇的教育方式。相比于打骂或者冷暴力，讲道理要温和积极得多，不会对孩子造成什么伤害。但也因为如此，不少家长会发现，讲道理往往对孩子是无用的，甚至有的时候，家长越是讲道理，孩子越是逆反。这是为什么呢？

我们先来看一个事例：

在餐厅吃饭的时候，一个小男孩老在空座位上跳过来跳过去，影响了很多正在吃饭的客人。就在男孩正向一个座位跳时，妈妈过来一把抓住了他，将他带到自己吃饭的座位上，语重心长地说："这里是公共场合，不是我们自己的家，你这样做会影响别人的，是不对的，所以妈妈希望你接下来不要那样去做了，可以吗？"

男孩摆弄着自己的手指，一言不发，妈妈以为他知道错了，就回到座位上开始吃饭。可谁知，刚过一会儿，他又蠢蠢欲动起来。这样反复几次后，妈妈彻底失去了耐心，生气地把他训斥了一顿，还差点动手。

像例子中的妈妈一样，有太多喜欢用暴力解决问题的父母，从一开始其实也想跟孩子讲道理，可孩子根本不听，最后被逼得只能发脾气、威胁或动手。

为什么会这样呢？为什么好好跟孩子说话，他却不听呢？难道给他讲道理错了吗？

讲道理并没有错，错的是，家长把讲道理本身当成一种科学的教育，用自己的大道理来压制孩子。一般情况下父母们所说的讲道理其实就是逆着孩子原本的意愿，用一种相对平和的方式向他灌输一种新的观点。

而这在孩子看来，本质上仍旧是一种强迫。

每个人都有属于自己的行事方式，这无关年龄，有的孩子的行为在成年人看来可能是不可理喻的，但他却能运用他所知道的东西自圆其说。也就是说，孩子在自己的世界里有属于自己的做事方式，如果父母强硬地在他们身上施加另一种方式，自然就会受到抵制。父母和孩子讲道理，孩子不听甚至还会反着来，就是这个原因。

他并不是要挑战父母的权威，认为父母是不对的，而是认为自己也有和父母一样的权威，自己所做的并没有什么错，所以当父母用大道理劝导、压制他们的时候，他们压根听不进去，进而选择用抵触的方式来维护自己的权威。

说白了，理论上没有人能说服另一个人按照自己的意愿行事，除非那个人本身就对自己有所怀疑，想听别人的意见。更通俗点来说，孩子不想听，你说再多也无用。

那这是不是就意味着，讲道理这种方式在孩子身上行不通呢？并非如此，讲道理虽然不能适用所有的教育场景，但是在很多事情上还是非常有用的。如果没有效果，多半是父母的方式不对。

父母讲道理不管用，根本原因就是孩子并不认为自己是错的，或者即使知道自己不对，但碍于面子不想承认。这种情况下，反向说教或许更能起到作用。

什么是反向说教呢？正常情况下，父母讲道理时，肯定都是朝着自认为或者普遍意义上的正确的、积极的方向展开说教，这就是一种正向说教，但这很容易和孩子的想法背道而驰，引发孩子的抵触。所以，有时候不妨顺着孩子的意思，然后找一个合适的切入点，引导孩子自己说服自己。

这种顺着孩子的意愿传达道理的方式，就是一种反向说教或者迂回说教。

当然，迂回说教也并不是万能的，在具体使用时也需要注意很多方面。

大型儿童成长类情景剧《家有儿女》中，就有这样一个片段：

即将成年的夏雪，在好朋友的建议下，打算换一换自己的穿衣风格。耐不住朋友的一再劝说，夏雪换上了一身完全不同于以往的，自己也觉得有点不太合适的装扮：化着浓重的眼妆，戴着夸张的耳环，穿着抹胸小短裙和高跟鞋。

刚刚打扮好自己的夏雪，听到爸爸妈妈从外面回来，马上带着兴奋的表情跑过来想让他们评价一番。

看到女儿打扮成这样，刘梅和夏东海一时间愣住了。等缓过神来，刘梅说："小雪，爱美很正常，但你还是学生，怎么能穿成这样呢？你现在这个年纪，应该朴素一点儿，大方一点儿。"夏东海也附和："妈妈说得对，小雪，这不适合你，还是平常那样的打扮更好看。"

俩人你一嘴我一嘴，说的都是不合适、太夸张、不要这样，夏雪听了气呼呼地回到了房间，跟朋友抱怨说："多大点事啊，嘴跟上了发条似的，唠叨个不停，他们有什么权利干涉我的自由，他们不让我穿，我偏要穿。"

就这样，原本并没有打算穿出去的小雪，第二天换了更夸张的吊带裙和浓妆出去逛街了。

和很多"明事理"的父母一样，刘梅和夏东海教育夏雪时，最常使用的就是讲道理的方式。但就算是对于夏雪这样懂事、优秀的孩子，讲道理也不是每次都有用。比如这一次，不但没有起到正向作用，还让孩子更逆反了。这其实就是父母没有读懂孩子的心理和情绪，转而使用了不合适的方式，让孩子做出了更加离谱的事。

像小雪这样，所谓的道理她其实都明白，也知道自己应该怎么去做，而她之所以让父母评价，就是想看看他们的态度，看看他们是不是理解自己爱美的心，说白了就是想让父母夸一夸自己，结果却引来了长篇大论的讲道理。这种情况下她的心情可想而知，自然是觉得受到了无情的管控，被限制了自由，因此就想反抗父母。

　　如果父母能够弄懂孩子的这些心理，就会意识到这个场景是不能使用一般意义上的讲道理的方式的。父母应该顺着孩子的意思，让他自己说服自己。

　　首先，就是从语言上引导，先满足孩子的情感诉求，然后让他自己察觉到不当之处。

　　比如，当夏雪说，爸爸妈妈你们觉得我这样打扮怎么样？爸爸妈妈就可以说，你以前没这么穿过，不过还真让我们眼前一亮，我们觉得挺好看的，你觉得呢？

　　夏雪本来就觉得这身衣服有点暴露，穿出去不太好，让她自己评价就相当于让她将这种想法再思考一遍，而爸爸妈妈的开明宽容则会促使她将自己的心里话讲出来："啊？你们真的觉得好看吗？我自己还以为特别暴露，看着会有点不正经呢？"

　　当她说出这样的话时，就意味着她已经进入"被说服"的"陷阱"里面了，紧接着父母就可以适当地讲一些道理："听你这么一说，好像是有点露，这样穿出去会不会不安全啊？我上次就看到一个新闻说一个女孩裙子太短被色狼尾随什么的，听着还真有点吓人。"这个时候，父母其实不用说太多，只需要一个有冲击性的例子或者一句话给孩子一个警示作用即可，接下来孩子就会自己说服自己不去那么做。

　　如果仅靠语言引导没有达到目的，还可以再进行行动引导。

　　第二天，夏雪和朋友逛完街回来，因为太累就打算在小区的长椅上休息一下。

夏雪从来没有穿过高跟鞋逛街，自然是累得不行，边揉腿边嘟囔着："我再也不穿这鞋子出来逛街了，太累了。"

正在这时，一个喝醉酒的年轻小伙突然上前拉着夏雪的胳膊就往外走，嘴里还说着："你就喜欢穿这样的裙子，你那耳环还是我给你买的呢！"夏雪当时就吓坏了，和朋友使劲反抗好不容易挣脱开后，马上回了家。

后来才知道，原来那个小伙子因为夏雪的穿着打扮错将她认成了自己的女朋友才会做出那样的行为。得知这一切的小雪回到卧室就把那件裙子扔在地上使劲踩了好几脚，并发誓再也不穿这样的衣服了。

如果怎样讲道理都不管用，实践就是最好的方法。如果父母确认自己是正确的，但又无法通过语言说服孩子时，那就不妨放手让他按照自己的想法去实践一番，结果自然会说服他们。不过要注意，适用的范围是在一些不会造成严重后果的事情上。

当然，像夏雪的这种"实践"其实是跟父母赌气的结果，而真正的"实践"应该是父母主动提出的。比如，刘梅可以跟夏雪说，既然你想穿出去，那我们一起去逛街吧？你也给妈妈选几件好看的衣服。

她说自己想穿成那样出去，可能只是在试探父母会是什么反应，而妈妈爽快地答应或许会让她觉得没有挑战性，从而打了退堂鼓，这种情况自然是最好的。就算她答应了和妈妈一起去逛街，这样一来可以保证她在妈妈的视野范围内，这和她赌气与朋友一起出去相比，也未尝不是一件好事。

很多事情，孩子如果不自己亲身经历，是很难被说服的。要使孩子明白道理，有时候仅通过口头上的讲述是远远不够的，还必须要让他们在实践中获得经验。可能的情况下，父母可以和孩子一起进行实践。

很多时候，孩子不听父母的话，不听父母讲道理，并不是因为他们不知对错，不知好歹，而是他们看不惯父母高高在上说教的样子，觉得反抗父母很有挑战性。

有一位家长在进行儿童问题咨询时，抱怨他们家孩子不听道理，不听劝，不管家长如何有道理，孩子都按照自己的想法去做，为此她专门说了这么一件事情：

她家住在老小区，没有电梯，都是通过楼梯上下楼。最近她的女儿养成了一个习惯，每次下楼梯时都会用胳膊钩住楼梯扶手，把全身的力量都集中在胳膊上，双脚离地溜下去。

她觉得这样做很危险，而且楼梯扶手平常没人擦，总是有很多灰尘，很容易把衣服弄脏，就将这些告诉了孩子，并且希望她以后不要再这么做。

孩子看着好像是听进去了，可下一次还是会那样做。后来有一次她实在忍不住了，就生气地呵斥了孩子几句。从那之后孩子当着她的面没再这么干过，但是背地里常常偷摸去玩，因为有好几次她都发现孩子袖子下面很脏。

最后，她无可奈何地说："我的孩子天生就是磨人的，我自认为已经很通情达理了，可还是没法跟她沟通，好好讲道理都没用，还能怎么办呢？"

这位妈妈的想法和很多家长都是一样的，认为好好说话、讲道理就是通情达理，就是最好的教育方式，如果这都不管用那就只有发脾气了，但其实并不是这样。

如果一件事情上，给孩子讲了很多道理还是无济于事，并不代表你的孩子难管，只能证明这件事情不适合这样讲道理。这种情况下，我们不必因感到绝望而发脾气，只需要换个思路。

对于那位家长描述的情况，老师建议她回去准备两块抹布，和孩子一起将楼梯扶手擦干净，并且孩子这样下楼梯时，她也可以尝试一下。很快，神奇的事情发生了，就在她按照老师的建议做了没多久，孩子就主动和她说，不想再那样下楼梯了，会把衣服磨坏的。

这是为什么呢？孩子为什么会转变得这么快呢？其实不难理解。最初孩子那样做不过就是想换个花样下楼梯，觉得很有趣，而妈妈却大肆讲道理，这就会让孩子觉得自己不被理解和包容，为了让父母能真的听到自己的心声，她就会违抗父母的要求。渐渐地，孩子就会把注意力放在和父母的斗争上，父母越是反对，她就越是觉得有挑战性，越是要反抗到底。

而当妈妈不再反对并且跟她一起那样去做时，她的心态和行为就发生了变化：一方面觉得没有了父母的反对，反而也不那么有趣了；另一方面也开始尝试着去客观看待这种行为，也就发现了问题，于是最后自己说服自己，不再这样去做了。

通过以上事例，我们不难发现，要想说服孩子，就必须要注意到孩子的心理和情绪，并去包容和满足，这样孩子才愿意跟你说出他的心里话，也才愿意听你说。总结来看，就是要对孩子的情绪和心理有所了解，能够较为准确地捕捉孩子的情感需求，然后顺着孩子的意愿满足这一需求，再使用语言和行动引导，来说服他。

把"讲道理"当成教育，是很多家长的通病。教育并不是单方面的告知，而是一个主动的、建设性的过程，不顾孩子的情绪、心理、偏好，一味地说教，根本起不了任何作用。

批评：从孩子抵触到获得正反馈

在与孩子沟通的语言体系中，"批评"绝对占有一席之地。批评在百度词条的解释是，对某人的缺点、错误发表意见。家庭教育中，父母给予孩子批评，就是希望孩子能改正自己的缺点和错误，向着更好的方向成长，然而现实中父母的批评带来的结果大多是孩子的抵触、反击和无动于衷。

有个朋友就常跟我说，她现在都有点不敢批评孩子了，只要一说哪不好、哪做得不对，不是不耐烦地听，就是反问："你就没有缺点吗？你改正了吗？"

"怎么，当爸妈的批评孩子，还得自己十全十美啊？"朋友气愤又无奈。末了又跟我说："这孩子不知道受什么蛊惑了，总觉得爸妈要害他似的，怎么那么不听劝呢？"

我非常能理解朋友的心情，父母哪有害孩子的，看着孩子有缺点不改正，还不服管教，自然担心焦虑。但是，父母们也应该冷静地去看待这些问题，分析其中的原因，这样才有助于解决，只一味抱怨是无济于事的。

当然，发生上述情况，不排除是孩子自己的原因造成的，比如先天性格问题、因为受到某些刺激心情不好等，但是这些原因如果父母能察觉到，便可从自己的角度应对和解决。换句话说，孩子对批评受不受用，父母更具决定性，并且很大程度上，批评未达到预期效果，往往和父母关系更大。

就拿孩子对于批评的三种反应来说，每一种基本上都对应着父母通常会犯的一类错误。

比如对于父母的批评非常抵触、感到不耐烦的孩子，可能是因为父母的习惯性批评。有这样一个事例——

幼儿园的门口，一群妈妈在等候放学的孩子。放学铃声响起，一群浑身脏兮兮、沾满泥巴的孩子从校园里走了出来。

妈妈们看到孩子如此模样或惊讶或恼怒，但口中大都是一样的责备："你怎么把自己搞得脏兮兮的？""你怎么回事？净给我找活干！""你怎么把自己弄得这么埋汰啊？"

这时候，班主任出来给家长们解释道："孩子们刚刚参加校外活动，帮一些叔叔阿姨在泥泞的路上推车……"

闻言，妈妈们都悄悄地低下了头不再说话。

其实，整件事情都是园方故意为之，为的就是让妈妈们意识到什么是习惯性批评以及这样会给孩子造成怎样的伤害。

所谓习惯性批评就是看到孩子有不好的地方、不好的行为，不问原因，不听解释，不问青红皂白，上来就责备，并且所使用的言辞往往带有打击和贬低意味。这样的批评就是用情绪在说话，不仅不会产生正向作用，还会给孩子造成不可逆转的伤害，包括并不限于让孩子自卑、敏感，以及影响身高、大脑发育等。

当父母批评自己时，总是反击父母、质问父母的孩子，可能是因为对家长不能够以身作则却来教育自己而感到不服气。

以前的父母在教育孩子时大多秉承"天下无不是的父母"的观念，现在很多父母不会这样想，但潜意识里还是不能够把孩子当成和自己一样的个体来对待。于是在批评孩子怎样怎样时，往往会忽略自己其实经常这样；在要求孩子怎样怎样时，却没意识到自己还没有做到。

可能有很多父母也会和我的朋友一样感到愤怒：怎么？教育孩子，父母自己就必须得十全十美啊？

当然不是。金无足赤，人无完人。人不可能没有缺点，但要教育孩子改正缺点的父母必须也有自知之明和改正缺点的决心。倘若你无视自己的短处，却对孩子横加指责，他自然会不服气。但如果你知道自己的短处，并且一直在为此努力改变，孩子看在眼里，不必你多说，他也会受到感召，像你那样去做。

孩子其实并不是要你十全十美，而是希望你也有为自己的缺点和错误努力改变的勇气和信心。

而对父母的批评无动于衷或者屡教不改的孩子，可能是因为父母没有使用适合他们的批评方式。

相比于以上两种，父母更容易犯的错误就是，在批评教育时不注意方式方法，认为批评就是指出错误，告知如何改正，至于怎样指正无所谓。这样导致的结果就是批评总是产生不了作用，甚至还会反向诱导。

就拿孩子的个性来说，不同的孩子所适用的方法也是不同的，比如有的孩子性格倔强，生硬地指出错误是逆向为之，会让他非常反感；有的孩子性格敏感，批评时要注意言辞，否则孩子就会把注意力从错误转向其他地方；有的孩子性格内向、反应慢，批评时语速就不能太快……此外，批评还与环境、人的状态等都有关系，比如有的场景适用激将法，有的时候沉默反倒是最有力的批评。

总之，批评并不是一句训斥、呵责或者温柔地劝诫那么简单。实际上，父母在批评孩子时容易犯的错误并不是单一的，这表明，父母的教育观念本身就有问题。因此，在批评孩子之前，父母其实应该多多回顾和反思。

首先，父母们需要思考的就是，你了解自己的孩子吗？这不仅是批评的前提，也是教育的前提。

当然了，所谓的了解并不是要求父母对孩子的一切事情都门儿清，而是指父母要对孩子基本的性格特点、行事风格等有个大概的掌握。更重要的是要以发展的、变化的眼光去看待，不要在脑海里对孩子保有固定印象，一些家长习惯在批评时翻旧账，就是因为如此。

其次，明确批评的目的不是发泄情绪，也不是单纯地指责，而是帮助孩子改正某种错误或者杜绝某类现象。这样父母们就要对批评的事件进行划分，比如缺点、不是很严重的错误、做得不够好，这时候的批评要更偏向于鼓励；而对于比较严重的情况，批评则要更偏向于震慑，让孩子意识到后果的严重性，从而不再犯。

最后，父母还需要对孩子的反应有正确的认识，面对批评，孩子情绪低落、产生抵触是正常的。心理学家表示，人都有自我保护的本能，被否定时，有抵触心理，就像在危险面前身体会自然躲避一样，这属于正常的心理防御机制。

除此之外，在批评时还要注意以下几种情况。

一是，注意批评的环境，尤其不要当着外人的面批评孩子。

之前有一则新闻让我印象深刻：

人来人往的大街上，一位妈妈满脸愤怒，大声呵斥着面前的一个小女孩，小女孩则耷拉着脑袋一声不吭。过了一会儿，大概是觉得妈妈说得不准确，女孩为自己辩解了几声，谁知这引来了妈妈更大的愤怒，她抓住孩子的衣领，然后用脚去踢孩子，让孩子当众跪了下来。

这一下引来了一群人围观，孩子的脸通红，头也埋得更低了。

很多家长在批评孩子时往往不分场合，有的甚至认为在人多的地方更能勾起孩子的羞耻心，从而让孩子留下深刻印象，不会轻易再犯。

这是不正确的。首先，不光大人好面子，孩子也很好面子，并且通常孩子的自尊心更强，在外人在场的情况下评断、指责他们，很可能给他们留下心理阴影。其次，面对批评，孩子本身情绪就是不稳定的，如果这时候还有外人在场，孩子就要分出更多的精力去维护自尊心，进行自我保护，这就意味着他的注意力从错误转移到了别的地方。因此，在人多的情况下批评孩子并不能让孩子改正错误、吸取教训，反而会使孩子看轻自己，怨恨父母。

二是，批评前要弄明情况，不要着急，批评时少评价多描述，避免人身攻击。

"急着批评"是很多家长的通病，也正是我们所说的习惯性批评的主要表现。从人的大脑运作机制来看，"急着批评"其实是人的情绪在脑中起作用。这种情况下，由于缺乏理性的思考，说出的话往往是带有伤害性的，这些话一般由评价性的词句组成。

这类语言的"批评"价值是很低的，因为它常常忽略重点，混淆事实，也很容易挑起孩子的抵触情绪，对孩子产生负面影响。

举个例子来看，比如"你真差劲"和"你做了一件非常糟糕的事"这两句话，前一句就是评价性句子，而后一句则是描述性句子。显然，前者是对孩子整个人的评价，对孩子进行了全面否定，而后者则是对孩子当下行为的描述，并不涉及人身攻击。这两种不同的批评会给孩子造成什么样的影响呢？不妨请家长们将自己代入孩子的身份去感受，不必我多说，结果显而易见。

三是，批评要就事论事，精准点题，不要翻旧账，批评的时间不要过长。

一些家长在批评孩子时总觉得一件事的分量不够孩子认识到自己的错误，于是就会扯出来以前的事情重新责备孩子，这种做法是很愚蠢的。批评的目的是让孩子认识到错误并改正，总是翻旧账、扯东扯西，只会让事情变得复杂，让孩子抓不住重点，更会让人感到不耐烦。

一个错误孩子再犯，说明他没有记到心里，这就要更加重视，单独拎出来强调。如果以前的错误孩子已经改正，再翻出来就完全属于没事找事。总之，不相关的错误千万不要混在一起，否则只会越来越乱，最后让批评的方向跑偏。

此外，如果父母说个没完，就算再正确的批评，效果也会大打折扣。心理学上有一个"超限效应"，指的是过强、过多或者过久的刺激会引起心理免疫甚至心理逆反的现象。

四是，批评时声音可以大，孩子犯错导致的后果太严重时甚至可以吼，但要分清轻重，不要所有事情都通过吼叫来处理。

父母选择吼叫的方式来批评，无非想增强震慑作用，这自然是有道理的，但是如果不分大事小事，一律歇斯底里，久而久之孩子就会对此产生免疫。并且，经常被父母吼、被父母骂，孩子的大脑发育就会受到阻碍，甚至外貌上都会与正常孩子不同，语言能力、记忆和智力水平也会因此受到影响。

前面我们提到，细分来看，批评其实可以分为震慑型和鼓励型两种，而在我们日常的情景中，应该多使用鼓励型的方式。所谓鼓励型就是不能一味地批评，要在批评中加入欣赏和安慰，关注和回应孩子的情绪。

批评时关注和回应孩子的情绪，让孩子感受到父母的爱意有多重要呢？其一，孩子不必分出精力去纠结和面对父母"不爱我"的事实，进而可以更理性地去纠错；其二，很多时候，犯错的孩子不是不知错，而是在跟父母斗气。因此在"爱"的前提下，孩子会更受教。

所以，即使是在批评的情况下，也请多对孩子说"爸爸妈妈会永远爱你""你做的其实已经很好了""虽然你今天犯了错误，但妈妈相信你不会被错误打败"，当孩子感受到父母的爱意，才会更有勇气去面对自己的错误。

好的批评，能让人如沐春风，而不好的批评可能会需要孩子用一生来治愈。批评本意上应当是让孩子变得更好，只要谨记以上几个原则，把力气用对地方，批评才有意义和价值。

道歉：向孩子承认错误并不会动摇你的权威

有一句话说："中国的父母和子女一辈子都在互相等待着，父母等待着子女说谢谢，而子女等待着父母来道歉，但他们都等不来自己想要的。"

之前某论坛上有一个话题——3岁的孩子准备了一个尺子，说大人做错事情也要挨打，应该允许吗？——引起了网友的广泛讨论。

起因是一位妈妈分享了孩子的一件趣事，并发出了求助：

> 我和孩子爸爸在家中准备了一把惩罚用的小尺子，跟女儿说，如果你做了什么错事，爸爸妈妈就用小尺子对你进行惩罚。当然，我们不是那种崇尚棍棒教育的父母，实际生活中极少打孩子，甚至吵骂也很少，这样做仅是想给孩子一个警示作用。
>
> 结果，没想到女儿也拿出尺子对爸爸妈妈说："今后，你们大人如果做了什么错事，我也用小尺子惩罚你们。"
>
> 童言童语，让人不禁会心一笑，但笑过后，我们也陷入了沉思。
>
> 如果我们真做错了事情，是否可以真的允许孩子用小尺子"责打"我们？如果不允许这样做，显然很不公平；但若允许，会不会对父母的威严造成影响呢？

孩子会犯错，父母也会犯错。可就是这小孩都知道的事情，父母却不知道或者假装不知道。这样想一想，的确，我们的父母很少会跟孩子认错，更少能跟孩子道歉，好像他们永远不会做错事情，又好像他们做错了事情也是理所当然。

而造成这种现象的原因，也正是例子中的妈妈所担心的事情，就是父母的"威严"。

现在有太多关于原生家庭的书籍都在向子女们传达一个观点，就是和原生家庭和解，与父母和解。然而，当他们真的这么去做时，却发现根本行不通，因为父母根本不会觉得他们做错了，就算有所悔悟，也压根不会道歉。

一个朋友曾经就跟我吐槽过，他说自己和母亲关系一直不太好，不久前看了几本亲子相处的书很有感悟，打算和母亲敞开心扉好好聊一聊，结果对于曾经自己给孩子造成的伤害，母亲张口闭口就是："你这是什么意思，总不能让我给你道歉吧？"至此，他终于明白，和解是无望的，他所能做的最大努力就是让关系稍微缓和一下。

家长们常常教育孩子要勇于面对自己的不足，承认自己的错误，要实事求是，可笑的是，自己在面对孩子时却常常做不到。当然，有的父母也会跟孩子道歉，可往往却是"变了味的对不起"。

在很多不擅长表达情感的父母眼里，只要自己主动向孩子示好、给点补偿那就相当于道歉了，孩子接不接受、能不能感受到，那是孩子自己的问题。

这本质上就是一种糊弄，因为在这样的道歉里，孩子根本看不到父母认错的态度和真心，他们因为被误解、被冤枉而受到的委屈伤害也就无法得到抚慰。

还有的父母十分擅长利用亲情绑架法和责任转移法，常常借此化解道歉的"尴尬"。

报考大学，父母一意孤行，非要我报考会计专业，而我一心想要学习法律。哪知，父母趁我睡着，竟然偷改了我的志愿。

接到录取通知书的那一刻，我难过得哇哇大哭，质问他们为什么这么做。可父母看见我难过的样子，丝毫不觉得有错，反而斥责我："就改了一个志愿，你就对爸爸妈妈这个态度？是我们错了，养了你这么一个白眼狼！"

明明是自己违背孩子意愿，改了孩子的志愿，却拒不认错，反而把不相关的事情扯到一起，用养育之恩要挟孩子，向孩子传达"生养之恩大于天"的观念。这种倒打一耙的回应，本质上就是利用亲情绑架来强迫和控制孩子，对孩子造成的伤害甚至要比父母做错事情本身都要大。

小时候，爸爸放在桌上的50元钱不见了，就以为是我拿的，不由分说地就对我一顿胖揍。

第二天，妈妈在沙发底下发现了丢失的50元钱，我以为爸爸会对我道歉，谁知爸爸只是用手指点了一下我的头说："要不是你有前科，我能怀疑你吗？"

"要不是你总……我能这样吗？"这样的话传达出来的意思就是"我怀疑你、冤枉你，主要是你的问题"。本来是自己犯错，一转眼又成了孩子做得不够好，这就是典型的推卸责任。表面在道歉，实际趁机将孩子又指责了一番。即使道歉的部分是真心的，孩子也会因为附加条件中的指责，感受不到爸妈的歉意，从而产生对立情绪。

可以说，不当的道歉，很大程度上会给孩子带来二次伤害，但是我们的父母却很少能意识到这一点。

为什么父母就不能好好跟孩子道个歉呢？道个歉就这么难吗？其实让

父母道歉并不难，难的是面对孩子这样的身份。如果将上述的任意情景中的孩子换成父母的朋友、邻居，结果将截然不同。

所以说，正是孩子的这个身份让父母觉得道歉是不必要的、不重要的、不应该的。

一方面，因为和孩子的血缘亲情，父母会认为自己就算做错了事情，孩子也会理解，就算不道歉也不会影响彼此之间的关系；另一方面，在很多父母心里都有一个根深蒂固的观念，那就是父母是长辈，而孩子是晚辈，给孩子道歉就会丢了作为家长的权威，失了长幼尊卑的礼数。这归根结底还是父母没有正确认识和孩子之间的关系，没有将孩子当成平等的个体来对待，总想着用家长的权威让孩子服从于自己，无视对孩子造成的伤害。

对此，社会心理学家泰吾瑞斯认为，父母拒绝向孩子道歉，相关心理动因可能包括三种：

一是想要维持好的自我形象。当伤害孩子的行为和"爱孩子"的信念发生冲突时，父母在自我辩解的过程中，会不断寻找各种支持性的证据来合理化自己的行为。比如乱翻了孩子的日记，孩子很受伤，父母害怕道歉会让孩子对自己产生不好的印象，就不断自我安慰"我这是害怕她交到不好的朋友""我这是为了更了解他"，最后的结果就是父母用这些臆想的证据说服了自己，觉得自己没什么错，于是拒绝道歉。

二是想要维护家长的专断地位。爸妈认为自己的地位高于孩子，我跟孩子道了歉，就表明我低下头了；我承认错误了，孩子就会小看我了。

三是试图保持自己的控制感和权力感。心理学领域有一项研究发现，在犯错后拒绝道歉的人，短期内控制感和权力感更强。因为道歉就意味着将自己不好的、脆弱的一面展现了出来，而对方获得了原谅与否的主动权，就相当于将自己置入了一个被人拿捏摆布的境地。

从父母的角度去看，这些想法是可以理解的。但是事实却并不是如此，和父母们预料的不同，勇于认错、敢于道歉不仅不会损坏父母良好的形象，还会使自身的形象在孩子心目中更加高大。换言之，向孩子承认错误并不会动摇你的权威，还有可能巩固你的权威。

当然，父母一般情况下所理解的权威和这里所强调的权威包含的内容是不同的。

以一个比较显著的例子来说明。我们都知道有一种父母叫作"控制型"父母，但其实"控制型"还有细分：一种是习惯以自己的意愿去要求和强迫孩子，很少会顾及孩子的感受；还有一种，他们虽然也会对孩子的行为进行严格规范，但与此同时也会给予孩子足够的情感关怀。

前一种又被称为高控制低关爱的"专断型"父母，后一种又被称为高控制高关爱的"权威型"父母。这两类父母都在孩子面前拥有很高的"权威"，但是孩子所呈现出来的成长状态却是完全不同的。美国心理学家戴安娜·鲍姆林德通过追踪研究发现，一个拥有高控制（对孩子的行为设置明确的规则）高关爱（对孩子的情感需要很敏感）的"权威型"父母的孩子会更快乐、独立，并拥有高自尊和良好的社交能力，心理也会更健康。

这是为什么呢？就拿道歉来说，"专断型"父母面对自己对孩子犯下的错误时，往往会拒不认错或者指责孩子，以此来展现自己的威严，对于这类父母，孩子更多的是害怕、恐惧。"权威型"父母则会好好承认自己的错误，并安抚孩子的情绪，对于这类父母，孩子更多的是尊重和敬佩。父母向孩子真诚地认错道歉，就意味着父母对自己的错误毫不掩饰，并且察觉回应了孩子的情感需求，孩子会因此获得满足，对父母也更加尊重。

可以说，真正的权威并不是靠自己的强迫和蛮横维持的，而是需要孩子发自内心的敬重和佩服。

此外，父母向孩子道歉，也会为自己和孩子的未来发展带来莫大的好处。当然这种道歉必须是恰当的、正确的。

另一位心理学博士保罗就曾在他的文章里提到，父母正确的道歉可以增强父母的自我反省、承担责任和人际交往的能力，减少父母的偏执、受害者立场和责备倾向，同时帮助孩子学会正确的冲突处理模式。

而不会道歉、不懂道歉的父母也会把这种对待错误的方式传递给孩子，让孩子在觉察到自己错误时更容易变得愤怒、恐惧和羞耻，更倾向于自我辩护、回避和反击，进而无法从中获得成长，也不利于自己的人际交往。

那么，怎样的道歉才算得上是正确的呢？

心理学家莱维特发现，所谓"正确的道歉"，应该包含这六个要素：表示懊悔、认识到错在哪里、承担责任、保证不再犯错、提出补偿、请求原谅。

这六要素中，承担责任是最重要的，这意味着犯错方知道了自己在哪些方面给对方造成了伤害，并且愿意纠正错误、给出补偿。但对父母来说，更应该注意的是"保证不再犯错"。

因为有很多父母都会屡犯不改，并且将一次的道歉当成挡箭牌："我不是道过歉了吗？你还有完没完？"没有落到实处的道歉，别管说得多真诚，都是一种敷衍。

好的道歉，彰显的是父母的智慧和风度，这会让亲子双方都获得成长，进而建立更加和谐的亲子关系。

所以，亲爱的爸爸妈妈们，如果你也曾对孩子做过错事，请认真地向他们道一个歉，这真的很重要。

拒绝：把"不"说成"是"的技巧

教育中，尽管我们总是在强调要照顾孩子的情绪、顺应孩子的意愿，但这并不是说要一切都顺着孩子来，当孩子无理取闹、提出不合理的要求时，我们是需要也是必须要拒绝的。当然，绝大部分父母也都会这样做，可是在具体做时，往往会出现很多问题。

> 想要买东西，父母拒绝，就开始撒泼耍赖。
>
> 要看动画片，父母不同意，却依旧我行我素。
>
> 想要吃糖果，父母说不行，就号啕大哭。

这样的场景，相信很多家长都遇到过。对孩子说"不行"，家长们一方面会担心说得太重会对孩子造成伤害，一方面又觉得太温柔了孩子不听，所以常在这两者之间摇摆不定，于是就会导致这样的结果：对于家长们的拒绝，孩子常常会利用撒娇、哭泣、发脾气等方式软磨硬泡，以达到自己的目的。

有一位妈妈就用自己的经历进行了"现身说法"：

> 昨天晚上，我们一家吃完饭出去逛超市，熊孩子心里早就打起了小算盘，刚到超市他就选好了一个玩具，然后对我们说："我要买这个。"想到家里已经快要堆成山的玩具，我马上表示不同意，然后他就开始了哭闹。
>
> 劝说无用后，我就吼了他两句，然后走了出去。在超市外面，我

看着爸爸抱着死缠烂打的他，突然意识到，这样做是不合适的，叹了口气又来跟他解释并道了歉。其间，他的哭闹仍旧在继续，有好几个刹那，我都在想：不然退一步吧，可以"海阔天空"，我不用纠结，他也不用闹了。再想想他选的玩具，真的也不是很贵，就几块钱。但是转念又一想，这样的桥段太熟悉不过了，孩子为什么每次都会这么软磨硬泡呢？还不是父母每次都会因此妥协，所以不行，绝对不能再这样了。

别看孩子年龄小，其实他们才是真正的"读心高手"，尤其是对父母，他们总能敏锐地察觉父母微小的情绪变化，进而使用自己的"绝招"去攻陷父母本就不坚定的立场。而大多数家长面对孩子这样的攻势，往往会因为有不耐烦、不想丢人等想法，而遂了孩子的愿，这就会导致孩子越来越变本加厉。

那么，我们到底怎样才能既不伤害孩子，又能做到真正地拒绝他们呢？

首先，父母们可以在说话方式上做文章，试着把"不"说成"是"。

孩子发起"攻击"的原因，就是他们被拒绝了或者感受到了父母的否定和不理解。纽约市犹太家庭及儿童服务局首席心理学家布鲁斯·格莱朗博士就曾表示，听到父母说"不"时，一些孩子因为无法理解父母为什么会拒绝自己的要求，就会情绪失控，怒气冲天，进而做出不可思议的举动。所以，父母可以尝试用肯定的方式来达到否定的目的，这样就能躲过孩子的软磨硬泡，在不知不觉中拒绝孩子。

第一种，用"可以"来替代"不行"，适用于孩子提的要求可以答应但不合时宜的情况。

比如，即将吃饭的时候，孩子想吃零食，由于担心会影响食欲，父母必然是要拒绝的。但若父母直接说："不行，你这样一会儿没有胃口吃饭了，对身体不好。"孩子必然不听，并且会闹。但假如换一种说法："可以，饭后我会给你找更多零食，现在我们先来吃一点削好的苹果。"孩子就会更乐于接受。

第二种，用"发问"来代替"不行"，这种方式适用于孩子一时兴起的情况。

　　记得有一次，我带一个朋友的孩子去买东西，其间她突然说自己想要吃巧克力，听她妈妈说她已经有了虫牙，医生不让吃太多糖，所以我并没有给她买，但也没有立刻拒绝，而是问："你为什么想吃巧克力呢？"

　　听了我的问题，她若有所思，最后应该是想到了去看牙的经历，然后摇摇头说："我又不想吃了。"

面对孩子突如其来的要求，父母不要着急表态，因为这时候孩子自己可能都不知道为什么会提这样的要求。如果父母直接拒绝，反而会激起孩子的逆反心，因此最适当的方式就是反问。这种情况下的反问，可以让孩子梳理一下自己提要求的原因，最好的结果就是他能在这一过程中说服自己。如果不能，父母也可以顺势进行解释或说服："想一想你的牙齿，你还想让它疼，然后再去医院吗？"

第三种，用"选项"来代替"不行"，这适用于要制止孩子某个行为的情况。

比如孩子在超市乱跑，相对于"你不可以乱跑，太危险了"，更容易让孩子接受的说法是："超市人太多，乱跑很危险，你可以帮妈妈推购物车或者坐到购物车里来，你想怎么做，自己决定。"

很多时候，对于父母的直接要求或制止，孩子都会视而不见，但是当你说让他自己决定时，他就会转换态度。这是因为比起强行要求或拒绝，孩子会认为让他自己选择更喜欢的选项，是对他的一种尊重和认可，会让他感觉自己拥有控制局面的"权力"。

其次，父母可以利用有力的事实来削弱"拒绝"的否定意味，通俗地讲，就是把重心放在说理上，而不是拒绝上。

前文例子中的那位母亲，她最后就是使用这样的方式成功拒绝了孩子，并且让孩子以平静的状态走出了超市，没有吵也没有闹。

> 因此最后，我还是拒绝了他，并且让他平静地接受了事实。如果说总结一下其中的成功经验的话，我觉得还是那句嚼烂的话：温柔而坚定。
>
> 我先再次向他表示歉意，刚才不该吼他，然后平静、温暖地告诉他："妈妈很爱你，爸爸也很爱你，但是爱你也不意味着每天都要给你买玩具，你想想看家里的玩具有多少？妈妈实在怕你养成不好的习惯，而且爸爸妈妈每天努力上班才能赚来钱，这些钱需要买吃的、喝的、用的，所以我们不能浪费。你喜欢玩具，妈妈知道也理解，就和妈妈喜欢衣服是一样的，但是也不能每天都买啊，你说是不是呢？"这样一番话之后，小家伙居然平静下来了，然后我们就顺利地离开了。
>
> 我知道，这些话孩子不一定都能听懂，但是他一定感受得到我的诚恳和爱，因为我的语气、我的眼神、我的肢体动作都在传达这些，这也表明非肢体语言和语言同样重要。

其实，家长们最理想化的拒绝方式，就是向孩子做出合理的、有说服力的解释，和他一起分析这么做的好处是什么，坏处有哪些，而坏处是多于好处的。这样做一方面可以让孩子学会表达自己的想法，同时也培养了孩子的逻辑思维能力、表达能力、辩论能力和说服别人的能力。

到这，家长们就不难发现，不管是将"不"说成"是"，还是利用事实来削弱拒绝的否定意味，本质上都是在照顾孩子的情绪，只有当孩子从父母那里感受到爱和温暖时，他才不会产生逆反心理。这样，父母的拒绝也就变得容易接受了。

不过，以上所说的这些小技巧还是要建立在父母科学的教育理念下才能起到巨大效果，否则只能治标不治本。所以，要想真正学会拒绝，父母还需要注意以下几点：

第一，觉察自己的情绪，修炼情绪调节的能力。

有时候，父母以为自己是处在父母的角色教育孩子，其实他们早已退行到了内在小孩的状态；还有的时候，父母会把在外面的情绪，比如工作不顺、生活压力等，带到孩子的教育中，让孩子当替罪羊，因此很容易发怒。

所以在拒绝、教育孩子时，父母要检查自己的情绪是否源于当下孩子的行为，然后进行有效调节，不要随便发火。

第二，把"拒绝"规范化，让孩子自觉执行。

很多父母都会觉得厉害的教育就是父母说的话，孩子都会听，不会质疑和无理取闹。事实上，厉害的教育，父母并不用多说什么，全靠孩子自觉。比如在提无理要求这件事情上，并不是每次孩子提了但父母拒绝后，孩子不哭不闹地接受就是好的，而是孩子犯过一次，以后就会形成自觉，很少会再出现类似的情况。

那么，要怎样做才能达到这样的状态呢？

首先是要让孩子感受到爱和自由，让他确定地知道父母是爱他的，并且在一些事情上给予他足够的自主权，尊重他的意见，比如在吃、穿、住等方面，可以把权利交给他，但是在安全、道德方面，父母要较真一些。

正如尹建莉老师所说，"自由的孩子最自觉"，在这样的环境和氛围中，孩子会逐渐开始自己要求自己，自己规范自己，明白行为的界限。

其次，可以适当宽松，但一定要有底线。比如有的时候孩子是真的非常想要一个东西、做一件事情，尽管不在规则之内，但父母也可以答应他，不过前提是要让孩子清楚自己的底线，不能一味妥协让步。

拒绝并不是一个简单的"不""不行"，只有学会巧妙地拒绝孩子，让孩子认识到自己行为的界限，从而自觉遵守行为规范，才是最终目的。

第六章

控制好自己，
做不吼不叫的父母

别把你的焦虑带到与孩子的对话当中

"双双，56+45 等于多少？"上学路上，双双妈小声问道。

三年级的双双戴着眼镜，无精打采地说道："99，哦不，101。"

这边双双妈还没说话，双双爸紧接着说道："橘子，橘子的英语怎么拼？昨晚刚背过的。"

双双想了想，说道："orange。"

"对，对了。"爸爸循循善诱，"昨天还背了桃子，还有什么来着？"

双双叹了口气，一边回忆，一边说道："桃子是 peach，还有苹果，是 apple，还有香蕉，banana……"

终于，双双到小学门口了。短短十分钟的路，双双觉得像一个世纪那样漫长。这边，双双松了口气，那边，双双的爸妈却更加焦虑了。

只听双双爸爸小声抱怨道："真是的，怎么这么快就到学校了。双双！今天好好上课啊，一定要好好听讲，晚上回来爸爸接着提问你……"

走在上学和放学路上，我们总能看到进行如上对话的家长和孩子。只要是上学的日子，这样的对话就从未缺席过。即便是休息日，上培训班的孩子们也被家长这样的提问压得喘不过气来。

其实，孩子对自己的前途并不焦虑，只有父母会对孩子的未来焦虑。看到天真烂漫的孩子，父母会觉得"这孩子怎么这么傻，没心没肺的，以后可怎么办？"于是，他们开始把自己的焦虑传递给孩子，希望让孩子化压力为动力。

可事实上，很少有孩子会化压力为动力，他们只会化焦虑为抑郁。这种郁闷的心态，会让孩子对父母产生误解，认为父母根本不爱自己，认为自己只是一个学习机器。久而久之，亲子矛盾就产生了。

把自己的焦虑传递给孩子，这真的有必要吗？我们来看看扎克伯格怎么回答。

扎克伯格完全是这个时代的成功人士。可是，他却给自己的女儿写下这样一封信：

> 孩子，我希望你能在孩童时期停下脚步，低头闻闻花香，然后把花瓣和叶片装进你的小竹筐里。我希望你能跟麦克斯（你的姐姐）一起，坐在漂亮的旋转木马上，直到你能认清每一匹小马的颜色。我希望你能在家里的客厅和院子里疯跑，但更重要的是，我们希望你能成为一个伟大的睡神，毕竟睡眠是很重要的。

这样有趣的信，就是一位成功人士对女儿的期许。在扎克伯格看来，赋予孩子信任，保护孩子的天真，远比让孩子挣扎在学海里更重要。好奇是孩子的天性，他们愿意探索这个世界，也能对学习产生兴趣。但如果父母特别担心孩子的学习，并将这种焦虑传递给孩子，那孩子就会对学习丧失兴趣，最后也跟父母一样，认为学习是件令人焦虑的事。

有人说，因为扎克伯格是成功人士，所以他对女儿格外宽容。而普通家长给不了孩子他们想要的一切，所以才会望子成龙，望女成凤。

事实真的是这样吗？并非如此。要知道，扎克伯格对女儿的教育方式，正是扎克伯格的父亲——爱德华·扎克伯格——对他的教育方式！爱德华·扎克伯格教育孩子的第一条原则，就是"不要强迫孩子，也不要尝试将他们的未来引导到某个特定的方向"。

有些家长希望孩子当医生；有些家长希望孩子当老师；有些家长希望

孩子当律师；等等。可是，这些其实都是家长自己的心愿，他们把自己的心愿强加在了孩子身上。但孩子并不是父母的延续，每个孩子都是独立的个体。孩子有自己的想法，有自己的梦想，家长要做的，就是保证孩子走在正确的道路上。

注意，这里的"正确道路"是道德修养层面的正确，而不是职业选择方面的正确。有的家长想让孩子当宇航员，可孩子的梦想是当摄影家，这种情况下，家长就应该尊重孩子的选择，不要逼着孩子当宇航员，更不要把自己渴望有一个宇航员孩子的焦虑心态传递给孩子，这样是很不公平的。

小强和小宇是双胞胎兄弟，但两个人性格却天差地别。小强学习能力强，能自发意识到时间宝贵，还能自主利用碎片时间学习。可小宇却是个"小迷糊"，他天生聪明，却不喜欢努力，学习成绩一直排在中上游，这让爸爸妈妈很头痛。

妈妈经常用小强做榜样，希望能激发小宇的上进心，可不管妈妈怎么说，小宇就是不喜欢学习，成天不是看漫画，就是玩游戏。因为操心小宇的学习，妈妈头发开始大把大把地掉，每天看到小宇就唉声叹气。久而久之，小宇也被妈妈的情绪感染，对学习焦虑起来。

可让大家没想到的是，小宇虽然开始努力学习了，但成绩不但没进步，反而还后退了不少。现在，小宇一看到学习就心烦，一看见妈妈就觉得喘不过气来。小宇原本是个聪明快乐的孩子，可现在，他却变得越来越沉默寡言。

虽然教育的培养目标不是让学生成为证书和分数的奴隶，而是培养具有独立人格、高尚品德、身心两健的个体，但面对应试教育，家长们还是不可免俗地把自己的焦虑传递给孩子，想让孩子考出好成绩，成为人上人。

例子中的小强能自发意识到时间宝贵，能自主利用碎片时间学习，这样的孩子毫无疑问是让父母省心的，但这样的孩子也是非常少见的。大部分孩子，都像例子中的小宇一样，按照普通孩子的心智与心性成长。这时候，如果家长横加干预，一厢情愿地把自己的焦虑倾注在孩子身上，反而会压得孩子喘不过气。

大部分家长都认为"上好小学才能上好中学，上好中学才能上好大学"，这个观念把家长折磨得焦虑烦躁，也把孩子折磨得苦不堪言。

那么，家长要如何做，才能不让孩子感受到自己的焦虑呢？

首先，不把焦虑情绪带入亲子对话的最好方式，就是缓解自身的焦虑。

孩子是非常敏感的，他们虽然表达能力不同，但所有孩子都会敏锐地感知父母情绪。有时候，父母自以为瞒住了孩子，自以为把情绪掩饰得很好，但事实上，孩子都能感受到父母话语间的情绪变化。所以，家长不把焦虑情绪带入亲子对话的最好方式，就是不让自己那么焦虑。

缓解焦虑的方式有很多，比如常规缓解焦虑的方式——听音乐、运动、泡脚、吃点甜食等。等焦虑情绪缓解后，再跟孩子说话。

同样一件事，比如"如何提高数学成绩"，父母带着焦虑去跟孩子谈，跟父母轻松愉快地去跟孩子谈，结果有天壤之别。

当父母带着焦虑去跟孩子说："你数学成绩怎么这么差啊！急死我了，到底怎么才能让你学好啊？"那孩子多半会被父母的情绪吓到，也会被父母的情绪感染。他们会用哭泣、顶嘴、沉默等方式回应父母，却唯独不会好好考虑"我究竟该如何提升数学成绩"。

相反，当父母心平气和地对孩子说："宝贝，你想想，咱们能用什么办法把数学成绩搞上去呢？"这时，孩子很可能会跟着父母的思路，说出几个解决问题的办法。等孩子说出办法后，家长就要跟孩子一起检验这些方法是否有效。如果方法有效，孩子的数学成绩确实得到提高，那家长则要及时鼓励、夸奖孩子，让他再接再厉。

其次，多跟孩子谈论其他有趣的事情。

如果家长因为孩子的学习而焦虑，那家长就应该注意少谈有关学习的事情。因为对大部分家长来说，只要一谈到孩子学习，就会控制不住地上火、烦躁，就会控制不住想要说教。所以，家长可以少谈学习的话题，多跟孩子谈谈其他有趣的事情。

其实，孩子不仅能从课本上学到东西，也能通过电视、网络、小说、漫画等学到东西。比如前阵子，不少孩子都沉迷盗墓系列影视剧。有些家长认为，孩子看这些影视剧很耽误学习，于是武断地下令，不让孩子观看这样的东西。可实际上，孩子会想方设法地避开父母观看。与其如此，家长朋友们倒不如大大方方地跟孩子讨论讨论盗墓剧情。

比如他们在野外生火的时候，为什么要把周围的可燃物清理干净？再比如他们到地下墓穴时，为什么不能点火把，而是要用手电筒？这些都是跟课本知识相关的剧情，也都是孩子感兴趣的话题。谈论这些话题，要比直白地问孩子"生火三要素是什么？"更有助于孩子学习。

最后，在亲子谈话时，坚持"多听少说"原则，让孩子多开口说话。

大部分亲子对话的模式，都是"家长使劲儿说，孩子不开口"的模式。可是，沟通的重点从来都不是"一方说，另一方听"，因为"一方说，另一方听"的模式是演讲。沟通的重点在于"既输入，又输出"，有时候，家长心平气和地倾听孩子说话，要比家长"一言堂"有用得多。

如果沟通的时候，只有家长一方说话，那大概率是家长越说越上火，越说越焦虑。说到最后，该谈的事情没谈好，反而还自己憋一肚子火，也让孩子倍感委屈。

多倾听孩子说话，才能让孩子敢说话。多倾听孩子说话，才能让孩子讲出心里话。所以，家长应该经常抛出一些有趣的问题，让孩子帮忙解答，让孩子多开口，这样才更能缓解亲子双方的焦虑。

焦虑、烦躁的你怎样做才会不失控

"你这个坏孩子！你为什么这么不听话？你是不是想逼死我啊！"雷雷妈一边摔东西，一边哭喊道。雷雷一边抹眼泪，一边沉默着不敢吱声。

"你说话呀，你刚才不是很能说吗？现在又'装死'！"雷雷妈推搡着儿子，越说火气越大。雷雷害怕地看着妈妈，但仍然不敢说一句话。

这时，爸爸开门回来，他看到鸡飞狗跳的家不由得皱起眉头："又怎么了，你怎么又发这么大火？雷雷，你又怎么惹着妈妈了？"

雷雷"哇"的一声哭了出来："我今天上课跟同桌说话了。"

"然后呢？"爸爸问道。

"没有然后了，然后妈妈就骂我。"雷雷说道。

爸爸叹了口气，对雷雷妈说道："你说你，孩子有错，你好好教育就行了，干吗要死要活的，让左邻右舍看热闹。"

"你好意思说我吗？你成天就知道加班、喝酒，你管过一次孩子吗？"雷雷妈吼完爸爸，又对雷雷推搡道，"刚才问你，你耷拉着脸一声不吭，你对我有什么意见啊？说话啊……"

孩子上学后，家里就难免出现鸡飞狗跳的情形。作为家长，面对顶嘴或沉默的孩子，我们内心都会有抓狂的感觉。当孩子一次又一次让我们焦虑、烦躁的时候，我们就很难控制自己的脾气，也会像雷雷妈妈那样崩溃大哭。

作为孩子，他们总有做错事或不听话的时候，因为孩子想事情、做事情的方式跟成年人是不同的。面对叛逆的孩子，有些性子急、脾气暴的家长会大发雷霆，把那些前一刻还调皮捣蛋的孩子，吓得泪水涟涟，不敢吱声了。

不过，对孩子发火真的好吗？答案是否定的。

事实上，家长在孩子教育方面成功与否，与他们的脾气性格有很大关系。有些家长觉得"严师出高徒""棍棒底下出孝子"，所以对孩子总是发脾气，动不动就非打即骂。可这样的教育恰恰是效果最差的教育。

试想想，如果我们身边有一个动不动就发脾气的人，一言不合就对我们发火，我们是什么感受？相信家长都会觉得，"这个人动不动就发火，有点可怕"。可如果把这种火发到孩子身上，为什么家长就会觉得孩子能受得了呢？

在对孩子的教育过程中，大部分家长都不愿意把时间花在"检验自身"上。因为他们要想出各种办法来"修理"孩子，让孩子长记性。"冲孩子发火""把孩子吓得瑟瑟发抖"等，这些偏激的行为在一部分家长眼中，恰好是让孩子长记性的最佳方法。所以，很多家长都会借着管教孩子的由头，将自己焦虑、烦躁的情绪发泄在孩子身上。

可无数事实证明，容易情绪失控的家长，必定会给孩子造成精神或性格方面的问题。家长会把孩子任性、调皮的原因归咎在孩子自己身上，可铁律是：每一个问题儿童的背后，都有一个问题家长。

　　"你是不是想逼死妈妈？非得我死了你才开心？"壮壮妈痛心疾首地说道。

　　谁知，壮壮一脸冷漠地说道："别，你别死，我死。"

壮壮妈一听，顿时号啕大哭："你就是要逼死我，我这就死给你看！"说完，她便跑出了门。壮壮妈前脚出门，壮壮后脚打开电脑，开始玩起了游戏。

眼看快到晚饭时间，壮壮妈一边擦眼泪一边回来了，她看到壮壮不但不担心自己，反而在打游戏，顿时，她内心又悲愤起来。她故意摔门而去，然后给自己的妹妹打了个电话，让妹妹配合自己演出戏。

很快，壮壮小姨给壮壮家打了电话："壮壮，你妈被车撞了，你赶紧来医院吧。"

壮壮懒洋洋地说道："行了，她成天就是这一套，不是出车祸了就是跳楼了，你也别陪她演戏了，让她赶紧回来给我做饭吧，我认错还不行？"那边，小姨立刻转达了壮壮的"歉意"。在小姨的两边劝导下，壮壮家这才回归了片刻宁静。

有什么样的父母，就会教出什么样的孩子；有什么样的成长环境，就塑造出什么的性格。情绪容易失控的家长，教育出来的孩子要么多疑敏感，要么冷漠自私，要么暴躁易怒。

壮壮妈妈脾气越大，壮壮的行为越顽劣；壮壮妈妈越是气急败坏，壮壮越是自私冷漠。因为壮壮对妈妈早就失去了信任，所以妈妈无论怎么失控，壮壮都能冷眼旁观。性格如此冷漠的孩子，想必童年也时刻处在担惊受怕之中。

正如蒙台梭利所言："每一种性格缺陷都是由童年的不幸造成的。"为此，缓解家长本人的焦虑情绪刻不容缓。下面，我们就来一起看看情绪容易失控的家长，应该如何管理自己的情绪。

首先，把容易发脾气的"点"避开。

家长冲孩子发火，肯定是有一定原因的。比如孩子考试作弊，孩子跟同学打架，孩子考试退步了很多，等等。

就拿孩子考试作弊来说，家长如果直接说："你长本事了啊，还学会抄袭了，还有什么是你不敢干的？接下来是不是就要小偷小摸，再接下来就要杀人放火了啊?！"那孩子肯定要么顶嘴，要么沉默，而无论孩子采用哪种态度，家长都会越说越生气，最后情绪失控，对孩子造成伤害。这时，家长可以选择避开"考试作弊"的点，直接转到孩子作弊的动机或其他方面。比如，家长可以询问："你是因为怕被爸爸妈妈责骂分数低，才抄了别人的卷子吗？"用引导的方式，让孩子说出行为背后的原因，这样才是有效的亲子沟通方式。

再比如家长看到孩子作业没写完。如果家长一上来就火冒三丈地说："你成天就知道玩，怎么还不去写作业？非得让我催你？"孩子会乖乖去写作业吗？不会，孩子只会更加抵触写作业这件事。所以，家长倒不如说："如果你能按时把作业写完，我们就可以看会儿动画片，还可以去公园散散步。"这样一来，孩子也更愿意接受写作业这件事。

其次，在教育孩子之前，先学会接纳自己的情绪。

有些家长能意识到自己的脾气暴躁，也会有意识地控制自己的情绪。可是，他们控制情绪的方式大多靠"忍"。我们都知道，一味忍耐，一味克制并不是好办法，因为情绪是无法压制的，被压制的情绪也会以更失控的方式爆发出来。此时，家长要做的应该是接纳自己的情绪。

比如家长看到孩子把屋子弄得一团乱时，不要告诉自己"要忍耐""要忍住"，而是要大大方方地想："天啊，这房子弄这么乱，让我好难过。"接纳情绪后，家长就不会带着情绪跟孩子说话，反而能冷静地跟孩子沟通，"你把房间弄得好乱啊，我们一起来收拾一下吧，不然就只能住在'猪窝'里啦。你要帮妈妈的忙吗？你想负责扫地还是整理玩具？"

接纳情绪不仅对自己有好处，也对培养亲子感情大有裨益。它能让我们头脑更加清醒，也能让我们更客观冷静地处理与孩子的沟通问题。

最后，家长要学会向孩子表达自己的情绪。

注意，向孩子表达情绪并不是冲着孩子发火，而是客观理智地与孩子分享现在的感受。比如在工作的时候被老板批评了，回到家孩子又在闹，这样的场景会让很多家长崩溃。此时，家长要做的不是对孩子发火，反而要对孩子示弱。

我们来看下面两种场景。

场景一：

家长回到家，对孩子大声斥责道："你知道我在外面赚钱多辛苦吗？可你呢，不但不让我省心，还给我添这么多麻烦！你真是个坏孩子！"

场景二：

家长回到家后，对孩子说道："宝宝，妈妈今天好累，上班的时候，妈妈还被领导批评了，你能安慰一下妈妈吗？"

相信大家都能看明白，场景二的沟通方式要比场景一更好。前面我们提到过，孩子对父母的情绪是很敏感的，当爸爸妈妈情绪低落时，孩子也很愿意给爸妈一个拥抱，甚至愿意帮爸妈做一些力所能及的事情，分担爸妈的忧愁。

家长改善自己的脾气，表面上看是对孩子有好处，实际最终受益的还是家长本人。当我们愿意与自己的情绪友好相处时，孩子也会更愿意与我们交心。成长原本就是一个不断反省、不断纠错的过程，我们应该尊重孩子体验这一过程的权利，也应该给自己一个机会。

面对焦虑的孩子，其实有更好的解决方法

"妈妈，我最近好焦虑啊，我害怕期末考试考不好……"吃过晚饭后，小芽怯生生地对爸爸妈妈说道。

正在嗑瓜子的爸爸不屑地笑出声："你个8岁的小孩，还懂什么叫焦虑啊。"

妈妈则说道："你好好学习，好好写作业，还能怕期末考不好？"

小芽更加焦虑了，她听完爸爸妈妈的话，急得哭出声来："我都快急死了，你们还这样讲！我也用心学习了啊，但我也不能保证一定考得好啊……"

"你要是平时好好学习，那考试题肯定都会做，那你就不会担心考不好了。你现在这么担心，不就是因为平时没好好学吗。"爸爸说道。

"行了行了，少说两句吧。"妈妈皱着眉头说道，"小芽别焦虑了，一切都会好的。"

小芽出于信任，愿意把自己的焦虑分享给父母，可是，父母却无视孩子的焦虑，甚至还出言打趣，这会让小芽对父母失去信任，以后有心事或情绪，他们也不会再告诉父母了。

有人说，小芽妈妈不是告诉女儿"一切都会好的"吗？这难道不算一种安慰？当然不算，对孩子来说，轻飘飘的一句"一切都会好的"，反而会让孩子觉得"爸妈在敷衍我""爸妈没把我的情绪当回事"，这样会让

孩子更加烦闷不堪。

在家长看来，这个时代是对孩子最友好的时代，不管是新奇精巧的玩具，还是丰富多彩的书籍，只要孩子想要，他们可以获得任何感兴趣的东西。可事实上，孩子并不觉得这个时代是最好的时代。

美国一项针对儿童心理健康的调查结果显示，当代儿童的焦虑水平远超50年前，而孩子焦虑的根源，大部分都跟学习和学校有关。根据该调查，孩子焦虑情绪会在生活发生转变（如升学、开学）的时候变得更加强烈。

开学时，孩子要应对学习压力，要应对人际交往压力，要应对各项考试压力，在重重压力下，孩子的焦虑情绪会越来越明显。面对孩子的焦虑，父母自然是要有所作为的。可是，就像小芽的妈妈一样，很多父母在孩子说出"我很焦虑""我很担心"时，他们第一反应就是脱口而出"没事儿""一切都会好的"。

在父母看来，这是一种安慰。可在孩子看来，这种毫无用处的话术只是在敷衍自己。当然，有的孩子会接受父母的安慰，相信一切都会好起来的。可他们没有直面焦虑的方法，只是盲目相信一切会好，这难道不是一种逃避的表现吗？

压力和焦虑的产生是不受控制的，当孩子出现上述情绪时，家长要做的是询问和挖掘他们情绪产生的原因，帮助他们直面问题，而不是简简单单地说一句"一切都会好的"。

升入初中后，活泼开朗的小禾变得有些沉默寡言。放学回家后，小禾情绪还是比较稳定的，可每天早起上学的时候，小禾都是一副焦虑的样子。

终于有一天，小禾小心翼翼地对妈妈说道："妈妈，我想转学可以吗？"

听了小禾的要求，妈妈先是吃了一惊，然后立马否定道："你怎么这么多事儿？我跟你爸那么忙，哪有时间给你办转学？你能不能让我俩省点儿心？"

小禾委屈地流下眼泪，妈妈警觉道："你在学校被人欺负了？"

"没有。"小禾否认道。

"那你是跟不上老师的进度？"妈妈问道。

"能跟上。"小禾小声说道。

"那你转什么学，去去去，赶紧上课去。"妈妈不耐烦地说道。

小禾一边流眼泪，一边背着书包上学去了。上午十点左右，小禾的班主任给小禾妈妈打来电话，小禾竟然逃学了。小禾妈妈又气又急，联想到早上女儿的反常，她立刻出去找孩子。一直找到快放学的时间，小禾妈妈才在一个公园找到女儿。

原来，小禾是因为舍不得她上小学时的好朋友，才想让妈妈帮自己转到好朋友所在的学校。今天她逃学，也是想去好朋友的学校见上一面。

小禾因为焦虑而跟妈妈沟通的时候，妈妈却没有太当回事。在她看来，除了"女儿被欺负"和"学习"外，没有什么是值得焦虑的。可孩子的内心是敏感脆弱的，有很多大人看来很小的事，都足够让他们倍感焦虑。所以，对于孩子的焦虑，家长一定要多问几个为什么，一定不要敷衍孩子。

如果小禾妈妈能多问几个为什么，小禾一定会将自己的转学目的和盘托出。这时，妈妈就可以给小禾提供一些切实可行的方法。比如"跟好朋友约定考重点高中""跟好朋友保持书信来往""周六日邀好朋友来家里一起写写作业，聊聊天"等。瞧，面对焦虑的孩子，家长其实有更好的解决方法，只是家长没有足够的耐心听孩子把话说完。

心理学家早就给出了结论，焦虑并不是成年人专属的情绪病，小孩子也同样会有焦虑的情绪。而且，小孩子焦虑的"门槛"会更低。除了来自学习的压力外，没有小伙伴的孤独，居住环境过大或过小，大人的管束过严或过松，都会成为孩子焦虑的原因。孩子一旦出现焦虑情绪，就会出现胆小沉默、孤僻乖张、乱丢东西、乱发脾气的情况。

为了解决孩子的焦虑问题，我们来一起看看缓解孩子焦虑的好方法。

方法一：减少孩子的压力和负担。

21 世纪后，小孩子的学习压力逐渐增大。除了原本的课业内容外，孩子还要上各种学习班和补习班，这些会让孩子的压力与负担越积越多，压得孩子喘不过气来。

爱玩是孩子的天性，如果抹杀孩子的天性，就会让孩子积攒压力。如果让孩子一直学习，孩子就会表现出厌学焦虑了。所以，家长朋友们要适当放宽对孩子的要求，从根源处减少孩子的压力与负担。

方法二：多陪伴孩子。

因为父母忙于工作，孩子大多会在老一辈人身边长大。可是，父母的缺席，会让孩子缺乏安全感。如果父母在忙碌之余还只顾自己的事情，不注意与孩子沟通交流，那孩子会越来越彷徨无助。

孩子是需要父母陪伴的，这一点毋庸置疑。在陪伴过程中，家长一定要做到有效陪伴，与孩子进行互动交流。有的家长在孩子做作业的时候，跑去孩子身边玩手机，他们认为这种形式上的陪伴就已经足够了。可事实上，这种无效陪伴不但不能缓解孩子的焦虑情绪，反而会让孩子与父母之间的隔阂越来越大。

在孩子做作业的时候，家长可以在旁边做些文字工作，或者拿出书籍来看。在陪伴和榜样作用的影响下，孩子的心态也会变得越来越平和。

方法三：多带孩子接触大自然。

放假的时候，家长都喜欢拿着手机刷刷剧，或者在电脑前打打游戏。可对孩子来说，看电视剧和打游戏都是不适合的。如果父母只顾自己消遣，反而让孩子自己学自己的，孩子就会因不满产生焦虑情绪。其实，家长可以在周末时带着孩子一起去户外玩耍。大自然有抚平忧郁的功效，远离城市的喧嚣后，孩子的心情和情绪自然就会获得平复了。

　　以上就是缓解孩子焦虑的三个有效方法。在缓解孩子的焦虑之前，家长也要确保自己不是孩子焦虑的来源。有些孩子明明很乐观，但一到父母面前就变成了沉默的"小绵羊"，这种时候，家长无论采用什么办法都是无效的，只有改变自己，改变孩子对自己的看法，才能真正解决孩子的焦虑问题。

第七章

这些你没有意识到的情况，
可能也在伤害孩子

家庭吵架，孩子会觉得一切都是他的错

网上有这样一个问题：生活在一个父母总是吵架的家庭里是怎样的感受？获得高赞的三个回答：

> 他们一吵起来，我就暴躁得想要杀人；
>
> 小心翼翼地不敢说话，悄悄地把所有能当作武器的东西都收起来；
>
> 希望自己马上死掉，这样他们就能过得更好。

这样的回答获得了高赞，意味着说到了大多数子女的心坎里。但有的父母可能并不明白，在生活中，夫妻间及家庭内部产生矛盾、发生冲突是很正常的现象，为什么孩子会有这么大的反应呢？

其实让孩子感到暴躁、压抑和绝望的并不是吵架本身，而是在这过程中父母的行为举动。

好友琳琳的父母极爱吵架，从她记事起，就一直生活在这种没有硝烟弥漫的战场中。他们吵架从来不会顾及时间、场合，不会在意任何人的感受。有一次过年的时候，琳琳的爸爸妈妈一言不合就吵了起来，彼时外面灯火万家明，琳琳的家里却如战场一般。

"你就不能体谅一下我吗？你听听你说的是人话吗？"

"我为这个家付出了多少，谁体谅过我？我说的不是人话你说的是，嫁给你我真是倒了八辈子大霉了。"

"你简直不可理喻，我跟你沟通不了，离婚吧。"

"离就离，要不是为了孩子，我至于忍这么多年吗？"

……

伴随着争吵声，锅碗瓢盆也被扔到了地上，瞬间一桌团圆饭变成了满地的垃圾。看着眼前的这一切，琳琳害怕又无助，她多想和别人一样过一个简简单单、和和睦睦的新年啊。

而妈妈的那句"为了孩子"更是深深地刺痛了琳琳的心。在琳琳的记忆中，不管父母因为什么开始的吵架，最后都能牵扯到她的身上。这让她越来越觉得她的存在是多余的，爸爸妈妈吵架都是她的错，没有她，爸爸妈妈就不会这么痛苦。

现实中很多父母的吵架都是这样的情形，一旦情绪上了头就会不管不顾，伤人的话张口就来，最后还会将矛头指向孩子，好像一切都是为了孩子。

事实上，面对父母的争吵、不和，孩子会自然地将其与自己联系起来，认为这些都与自己有关。尤其是年龄较小的孩子，他们尚处于一种原始的自恋状态，想当然地会将周围发生的一切事情与自身建立联系，再加上认知能力较低，对很多事情不能有客观的认识，不能对父母之间的针锋相对做出合理解释，因此就会将争吵的原因归咎于自身。

而在气头上的父母急需一个可以任凭发泄的情绪垃圾桶，将吵架的怒火以一种更加简单快捷、低成本的方式发泄出去，他们的做法往往就是迁怒于孩子，这无疑会让孩子坚定地认为父母吵架全是因为自己。

这种情况下，孩子就会产生强烈的愧疚感。愧疚是人的一种常见的情绪，适当的愧疚感是正常的，但是过量的、长期存在的愧疚感却很可能给人带来不可估量的伤害。有心理学家曾说："无意识的愧疚感对人的生命力有着毁灭性的打击，无数人因羞愧和内疚而自残、自杀。"

而父母除了在吵架时给孩子制造大量的愧疚感外，还会无意识地利用愧疚感操控孩子的行为，使之成为一种教育手段，而这种手段带给孩子的负面影响更甚。

"你要是个男孩子，我早跟你爸离婚不管你了，爱混成什么样就混成什么样吧！"

"你看看你考的这成绩对得起我吗？我在这个家里辛辛苦苦为的什么啊，要不是为了给你一个家我们早就一拍两散了。"

"你怎么这么不懂事呢？你爸爸不知道心疼人，你也不知道心疼妈妈吗？"

有一些父母会将吵架当成教育孩子的契机，想当然地认为，父母之间的不和睦会促使孩子变好变乖：看到我们这样辛苦、不如意，孩子一定会更懂事。

父母的这种想法，有一半是正确的。的确，常被这样对待的孩子会变得很乖，比以前更懂事，他们很少淘气惹事，很少惹父母不开心，努力学习，没有叛逆期。

但他们这样做，并不是一种自觉自愿的向上向好，而是被迫的自我压抑，他们不是不会和父母据理力争，而是他们不敢、不忍心。

长期生活在这种环境下的孩子，性格上往往会存在很大的缺陷。有一位有过类似经历的朋友在他的随记中这样写道：

父母不和，频繁吵架，带给了我什么呢？

自卑，觉得自己不值得被爱，也不会有人接受我这样的家庭；对亲密关系充满恐惧，在爱情里患得患失，渴望建立一份完美婚姻；总是委曲求全，想要通过妥协、讨好来维持和别人的友好关系；很会察言观色，别人不高兴了总会下意识地觉得是自己做错了什么；听到别人碎碎念、大声说话会不由自主地反感、恐惧；无法正视过去，一想起来就会抑郁；长期处于敏感压抑的状态，睡眠质量极差，常做噩梦……

我真的非常讨厌父母在吵架时将"为了孩子而忍受"挂在嘴边，每一次，我都巴不得他们赶快离婚吧，只要不吵架。

客观地看，这个朋友的话是有些偏激的，孩子性格上的这些问题并不都是因为父母吵架而出现，跟其自身的先天气质也有关联，但是父母吵架、家庭不和的环境也肯定会在一定程度上影响孩子的性格发展。换句话说，即使父母经常吵架不是导致孩子有严重性格缺陷的主要原因，也必定是诱因之一。

教育学者表示，制造愧疚感是父母普遍使用的一种教育方法，目的就是获得孩子人生的控制权。在内疚情感的作用下，孩子害怕失去父母的爱而违心去做自己不喜欢做的事情，难免对父母心存怨恨，可又无法通过宣泄气愤和挫败感而获得解脱。

如此，孩子在心理上会受到越来越多的伤害，这些伤害会导致严重的后果，比如：脑发育受到消极影响；身体生长缓慢；患上多动症；产生各种性格缺陷（如自卑、怯懦）及心理疾病（如抑郁症、躁郁症）等。

此外，父母吵架跟孩子的身体发育也息息相关。国外学者发现了一种名为"情感遮断性身材过矮症"的病症，指的是垂体系统机能、下丘脑受到情绪抑制，进而引起垂体的生长激素分泌减少，导致身高过矮，患者主要表现为缺乏安全感，时常在睡梦中惊醒、叫喊。而这些患者多数都是父母吵架的受害者，根据其日常表现，研究者们还发现除了身高较矮外，他们往往还具有独语、多动、智力发育迟缓、人际关系不协调等问题。

或许有的家长会说，我们吵架的时候不会故意让孩子愧疚，甚至不当着他们的面吵，这样也会有影响吗？

这样的疑问其实又显现出来一个问题，那就是父母对家庭吵架对孩子的影响这件事缺乏系统科学的认识，也存在一定的错误认知。

比如，有人会认为年龄小的孩子什么都不懂，当着他们的面吵架也没事。

事实上，孩子虽小，但感官是非常灵敏的。研究发现，孩子从出生的第一天起就会出现听觉反应，包括痛苦、警惕等，尖锐的声音、喧闹的环境会促使孩子开启自我保护模式，在这种状态下，孩子的感觉是很痛苦的，身体也会随之僵硬；6到12个月的婴儿即使是在睡着的情况下，也会对父母争吵的声音有所反应；1岁以后，孩子就具备了分辨父母情绪和感知冲突的能力；4岁之后，孩子良知开始形成，逐渐懂得内疚，在与父母相关的事情上很容易产生内疚感。

还有人会觉得，躲着孩子吵架或者不大声叫嚷、不动手，就不会对孩子产生多大伤害。

暂且不说吵架的过程中，人很难控制自己的言行举止，即使能够控制住，这种说法也是不正确的。

孩子对于父母的情绪、行为察觉是非常敏锐的，父母背着孩子吵架时，如果离得距离不够远，刻意压低的嗓音和掩藏不住的愤怒只会增加孩子的恐惧和愧疚；如果是在孩子不在家的情况下吵架，等孩子回来之后也会对父母之间尴尬的气氛、冷漠的表情有所察觉。专注研究婚姻冲突与儿童发展的圣母大学心理学家卡明斯认为，孩子会非常关注父母之间的情感互动，以此作为判断家庭环境是否安全的依据。

可以说，原生家庭成员之间的紧张关系，包括情感冷漠、冷战、假意恩爱等，让孩子感受到的恐惧不亚于正面冲突。父母的表面和睦和压抑发泄会带给孩子一种无形的压迫感，使得他们更加小心翼翼，生怕打破这脆弱的和谐。

而最大的谬论莫过于，再怎么吵架也比离婚带来的伤害小。

婚姻不幸福的父母为不离婚找的借口，大多都是为了孩子，为了给孩子完整的家，为了让孩子得到完整的父爱或母爱。

省省吧，一个充满抱怨、争吵的家庭里早就没有了温暖可言，在这样的家庭里孩子也根本不可能感受到爱。国外有一项关于父母不和、离婚和子女幸福感三者之间关系的研究，结果显示：父母不和的程度越高，孩子的幸福感越低，当达到一定程度后，离婚反而会增加儿童的幸福感，且远高于在完整但充满冲突的家庭中生活的儿童。

这项研究的目的意在告诉父母，如果夫妻关系实在维持不下去，不如干脆放手，不要再互相折磨，这对夫妻双方和孩子来说都是一种解脱。

除了父母之间的吵架外，父母与孩子之间也会发生冲突。在这种情形中，孩子的负面感受也会很强烈。亲子之间发生冲突后，父母可能会因为自己说了过激的话而感到后悔和自责，或者因为孩子的态度而感到伤心。但其实这种情况下，孩子的内心要比父母更难受。

从父母那里寻找爱，寻求安全感，是孩子的本能，尤其在他们小的时候，他们只会也只能从父母那里获得安全感，因为他们没有别人可以依靠。当他们和父母发生争吵后，这唯一的依靠就会"消失"，他们的恐惧不安无处安放，即使能够和其他亲近的人倾诉，感觉也是不同的，于是他们就会更加害怕起来：爸爸妈妈不要我了怎么办？爸爸妈妈是不是对我很失望？进而将这责任完全归咎于自己，觉得一切都是自己造成的，都是自己的错，因此产生强烈的愧疚感。

当然，这些也并不意味着父母之间、亲子之间完全不能发生任何争执。父母吵架、家庭冲突是正常的，无法避免，不正常的是父母们选择的应对方式，往往会让孩子觉得这一切都是他的错。

研究表明，家庭中建设性的冲突（合理释放情绪、解决问题、明确边界），可以让孩子在妥协或相互支持中获得成长，而真正对孩子的身心造成严重不良影响的是破坏性的冲突，其特征是伴有侮辱性、威胁性的语言或者肢体暴力、冷暴力。

也就是说，在意见不合、看法不同的情况下可以争执，但要注意吵架的目的不是纯粹泄愤、逞口舌之快，而是要表明观点，最终达成共识或解决问题。夫妻之间吵架时甚至可以让孩子参与进来，询问他的意见，让他知道父母吵架的原因以及自己也能够为解决家庭问题贡献一份力量。

吵架对孩子的伤害是隐性的，导致的问题是滞后的。因此，许多人意识不到，亲子吵架，孩子更受伤；夫妻吵架，孩子才是真正的受害者。孩子的安全感和幸福感来源于父母的和谐，来源于家庭的和睦，当父母争吵时、家庭战争爆发时，孩子对外部世界的好奇和探索就会变成恐惧和担忧，对人也会充满怀疑和不信任。所以，如果真的为了孩子好，请在吵架前、吵架时，多考虑考虑孩子的感受。

数落老公，孩子会觉得"爸爸好无能"

生活中，我们常会听到"强势女人"这个词，有的人会将这个词和女强人联系在一起，认为这两者表达的意思是一致的。

但实际上并非如此，强势并不等同于个性要强，女强人也不是强势的代名词。有的女性在工作上雷厉风行，闯出了自己的一番事业，但是回到家里就会收起锋芒，在丈夫和家人面前理性而平和，这样的女性是女强人但并不强势，她们往往会有幸福的婚姻与和睦的家庭。而有的女性却恰恰相反，在外人面前随和好说话，一回到家里就变得疾言厉色，对家人尤其是伴侣恶语相向，不懂得体谅，这类女性就是所谓的强势女人。

强势女人非常明显的一个特点就是喜欢抱怨，并习惯将此发泄在伴侣身上。

邻居张姐是一个很热心的人，我们周围几家人都受到过她的照顾。有一次周末家里人都出去了，她就邀请我到她家里一起吃饭，省得一个人孤单。我本不想去，奈何大姐非常热情，就只好跟着去了。

到了之后，张姐就让我陪她的女儿一起在客厅写作业，她去厨房忙活，我想上前帮忙，结果被推了出来。不一会，张姐的丈夫回来了，是一个看起来很憨厚的男人，看见我腼腆地打了声招呼，就主动进厨房帮忙了。

谁承想，待我平和温柔的张姐在自己丈夫面前就像变了一个人一样，原本安静的厨房马上就热闹了起来，隔着两堵墙都掩盖不住张姐的呵斥声："说了多少遍底下擦干净再放，整的哪都是，磨磨叽叽的。""你放那么多盐想把人齁死啊！""你就不能物归原位吗？都说了多少次了！""没一点眼力见儿"……从头到尾，张姐的话音就没落过。

我问张姐的女儿："你爸妈经常这样吗？"孩子点了点头说："是不是很烦啊，我天天听他们吵吵都快烦死了，不过有时候也不怪我妈，我爸就是笨，什么都做不好。"我听了尴尬地笑了笑，实在不知道该说什么好，妈妈总是这样说爸爸，孩子不受到影响才怪呢。

很快，饭菜做好了，餐桌上张姐的嘴依旧絮絮叨叨地不停。

男人夹了一筷子土豆丝，结果掉到桌子上一根，惹来张姐一顿数落："邋里邋遢的，掉得哪里都是，你看看咱隔壁老江，人家可比你岁数还大呢，整天把自己还有家里都收拾得利利索索的。"末了还不忘教育下女儿："可别学你爸，做事一定要干净利索。"

女孩瞥了爸爸一眼，男人的脸上多少有点挂不住。

见我有些发愣，张姐马上笑眯眯地夹菜："小李啊，多吃点，你姐夫就这样，让你见笑了，你不知道他经常毛毛躁躁的……"看来，张姐数落自己的丈夫已经成了习惯，见缝就能插针，而且自己并没有意识到这种做法有什么不对。

每个人都有自己的脾气秉性，没有人规定女性就不能脾气大、声音大。但是若太过强势，不仅在社会交往上容易碰壁，对于自己的婚姻家庭也是不利的，尤其是已经做了母亲的女性，在家里强势并爱数落老公，不仅会促使更多家庭矛盾出现，对于子女的成长也会产生很大的负面影响。

很多研究及实际案例都表明，在母亲强势的家庭里成长的孩子，女孩很大程度上会继承母亲的性格脾性，容易暴躁埋怨，遇事往往十分情绪化；而男孩则会懦弱无能，甚至缺乏阳刚气。

在一个拥有孩子的家庭里，父母是孩子的第一教育者，也是直接影响者，分别扮演着不同的角色，对孩子产生不同的影响。

父亲往往是一个家庭的支柱，承担着家庭重任，是其他成员安全感的主要来源。所以必须是一个坚毅勇敢、遇事沉着冷静的形象，能够让家人们依靠，让人心安。他可以不那么优秀，也不用有怎样成功的事业，但一定要有责任心，能够为孩子们遮风挡雨。

母亲常被形容为家庭的港湾，表明母亲应该是一个包容性很强、温和的角色，能够给予孩子足够的温暖和爱，成为一个家庭的精神寄托。因此，母亲是一个家庭的氛围缔造者。一个家庭的气氛是轻松愉快还是沉闷压抑，子女性格如何，三观是否端正，很大程度上取决于母亲。

可以说，父亲和母亲一人如山，一人似水，一人负责孩子品格精神的骨架建立，另一个则负责孩子品格精神的血肉填充。他们对于家庭和子女的作用同等重要但又完全不同，这也是为什么很多单亲家庭中的孩子相比于健全家庭中的孩子更易产生某些心理缺陷。

而在一个母亲强势的家庭中，就像是上文中张姐的家庭，父亲和母亲的角色发生了颠覆性的变化，这就会导致父母本应该带给孩子的积极影响被减弱甚至消失。

妻子数落丈夫，表现出来的就是本该宽和、温润的母亲却张狂愤怒，十分凶悍；而本该不怒自威、高大果断的父亲却唯唯诺诺，低声下气。

这就会让父亲的形象在孩子心中大打折扣，久而久之孩子就会觉得父亲很无能，什么都做不好，也不能够成为他们的依靠。于是孩子就会看不起父亲，不尊重父亲，就像张姐的女儿一样，觉得父亲就该被数落。

这样的孩子绝对不会将父亲当成学习、崇拜的榜样，甚至会厌恶和远离父亲。这就意味着，孩子性格品质的养成中属于父亲的那一部分是缺失的、不完整的。

心理学上将父亲给予孩子性格上的影响称为"男性性格"，即一种敢于担当、勇于负责的气概，一种稳重含蓄、处变不惊的风度。有教育学者称，父亲的可靠、稳重、威严是子女男性性格形成的基石，拥有男性性格的人更容易获得幸福人生。

为什么这样说呢？

因为男孩若缺少男性性格，很大程度上就会成长为一个习惯推卸责任、行事犹豫不决、斤斤计较的人。这样的人很容易在人际交往上碰壁，在婚姻家庭中也会因为不能担负起作为丈夫、父亲的责任而被指责，从而陷入痛苦中。

而女孩若缺少男性性格，就会十分情绪化，遇事总是率先发泄情绪而不是解决问题，存在社交障碍，不懂得如何处理亲密关系。这样的孩子很可能长期生活在情绪的折磨中不能自已，也因此不会感到幸福。

除了父亲的作用被削弱外，母亲总是数落父亲，还会让母亲的形象在孩子心中变成一种畸形的高大，从而带给孩子更加畸形的影响。

儿童心理学中有一种说法，亲子关系中，孩子总会向同性父母一方形成认同。通俗点说就是，男孩会在无意识中向父亲看齐，而女孩则会向母亲看齐。

我有个朋友，有一次跟我谈心说自己现在非常苦恼，因为没有办法和男朋友和平相处。她说看到男朋友有些地方做得不够好时，她就很想说出来，而且是愤怒地说出来，而男朋友也是一个不肯受气的主，这样两个人就很容易掐起来。倾诉完，她又问我，她是不是应该换个男朋友？

据我所知，我的这位朋友的妈妈平常在家里也是这样，只要看到丈夫有什么做得不好的地方，马上就指责一番，而她很大程度上就是继承了母亲的"衣钵"，这个问题并不是换个男朋友就能解决的。

面对母亲数落父亲，女孩更容易和母亲产生认同，久而久之女儿也会变得强悍，即便她有时候并不认可母亲的做法，也会在无形中继承这种模式，对母亲甚至女性这个角色产生不健康的崇拜，而对父亲甚至所有的男性都产生鄙夷。因此，当她长大成人，恋爱或结婚之后，也会对自己的伴侣实行这种沟通方式。

而男孩则对父亲更感同身受，当母亲批评父亲时，儿子会认为母亲数落的并不是父亲一个人，而是包括自己在内的所有男性。也就是说，妻子在奚落嘲讽自己的丈夫时，也同样把这种奚落嘲讽甩给了自己的儿子。慢慢地，儿子就会对强悍的母亲乃至所有的女性角色都产生畏惧，而对父亲的软弱无能趋于认同，认为男的就应该这样。这也是为什么，大多数时候，一个强悍的女性身后，不仅会有软弱的丈夫，也会有一个懦弱的儿子。

到这就可以很明确地说，妻子数落丈夫，不仅会影响夫妻关系，更会影响孩子的成长。

妻子数落丈夫，本质上是父亲角色在家庭中的作用趋于边缘化的象征，当妻子数落丈夫成为一种习惯，而丈夫因为麻木选择默认，这就预示着，这个家庭已经进入了父权丧失的阶段。

在父权丧失的家庭中，母亲会变得日益强悍甚至说一不二，对待子女时也往往是专制的，孩子无法从父亲身上习得男性性格，认为无能就是男性的本态，并且由于对男性力量认识较少，会患上"父爱缺乏综合征"。女孩会表现为：①身心发育：对女性、男性都存在错误的认知，存在亲密关系障碍，极度情绪化；②择偶标准：迷恋年龄大、有担当的男性，希望能够获得安全感和父爱。而男孩子则受影响更大，主要表现为：①身心发育：身体发育缓慢，性格孤僻，容易缺乏阳刚之气，无法很好地适应社会规则；②择偶标准：面对强势的母亲，男孩会自觉摆出讨好的姿态，渐渐地就会在情感上保留这种"受虐倾向"，进而可能出现恋母情结，会以母亲的形象作为模板选择结婚对象，最终重蹈父亲"被妻子数落"的覆辙。

当然，这并不是意味着母亲不能够批评父亲，每个人都会犯错，犯了错就需要接受批评，父亲也不例外。但是我们要明确，批评的目的是指出错误，令其改正，而不是发泄不满。

而数落就是在纯粹泄愤，并且数落别人的人的观点也不一定是正确的。生活中那些爱数落丈夫的女性，往往喜欢和别人比较，然后把自己所缺失的责怪到丈夫身上，而后不断抱怨生活。她们对生活中的事情会形成自己的一套理论，一旦别人违反了自己的理论，她就要生气、就要反驳。

这样的女性往往会给人压抑消极的感觉，她所处的家庭也会时常笼罩在阴霾之中。著名心理学教授洪兰就曾说："母亲是一个家庭的灵魂，母亲焦虑全家焦虑，母亲快乐全家快乐。"

经过这么多的论述，妈妈们肯定已经明白了数落丈夫的危害，但是该如何改变呢？一般来说，很多女性之所以表现出这样的行为，本质上就是内心缺乏安全感，自身没有可依靠的东西，感受不到生活的美好。

所以最简单的方法就是，留意身边那些值得感恩的事情，具体可以试着这样去做：

每天记录一件让自己感觉很美妙的事情或事物；

每星期写下五件与丈夫、孩子相关的并且还能让你觉得开心的事情；

定期跟老公来一场坦诚的交流，明确自己的意愿，互相指出问题。

世间美好的东西太多了，我们不可能全部拥有，把注意力放在自己已经拥有的东西上，而不是已经失去的或者根本无法得到的东西上，快乐才会加倍。

妈妈是整个家庭的氛围风向标，妈妈的性格决定了家庭成员的幸福度，妈妈的格局决定了每个家庭成员的高度。当你觉得丈夫无能而数落他时，只会加重他的无能感，也会影响孩子的成长。

过于自我，孩子会觉得"我是多余的那一个"

有人说，这世界上，在看待与孩子关系方面，父母共有四个类型：

第一类父母觉得我和孩子是两个独立的个体，我可以提要求但要允许孩子有自己的想法和生活；第二类父母与第一类父母恰恰相反，他们觉得自己和孩子是不可分割的，孩子的一切都是属于自己的；第三类父母介于第一类和第二类之间，觉得孩子的一部分是自己的，必须要在某些方面为他负责；第四类父母觉得孩子是自己的拖累，人生要及时行乐。

第一类父母是，孩子说这个菜我不想吃，他会告诉孩子这个菜很有营养，但不会强迫孩子吃；他让孩子加件衣服，孩子说我不冷，他便会将衣服放进衣柜，然后告诉孩子如果生病了你不能排斥吃药。

第二类父母是，孩子说这个菜我不吃，他马上否定孩子，然后强迫孩子吃掉它；他让孩子加件衣服，孩子说我不冷，他假装没听见不由分说给孩子套上。

第三类父母有时候会给孩子足够的自由，有时候也会强迫孩子做一些事情，但他们的强迫长久来看是有着充足的且令人信服的理由的。

第四类父母则很少管孩子，不管是精神上还是生活上，他们都是以自己为中心，甚至常常忘记自己还是一个父亲或母亲。

如果你是第一类和第三类父母，那么你的孩子是幸运的，也一定会在当下和未来生活得幸福快乐；如果你是第二类和第四类父母，那么你的孩子可能一生都要去治愈原生家庭带来的伤痛。

第二类父母和第四类父母就是所谓"过于自我"的父母，他们对待孩子虽然是不同的，但本质上都是以自我意志为主导，忽略或否定孩子的意志。

父母太自我，孩子会是什么样的感受呢？有一位朋友是这么说的：

> 我的妈妈是一个特别自我的人。就拿对待我来说吧，小时候一年 365 天，我有 300 天是在奶奶家、姥姥家、亲戚家……总之不在我家，因为我妈什么都不管我，在家里饿了没饭吃，穿的衣服都是亲戚送的，学习上也从来不过问，甚至可以说，我的长大和我妈关系不大。
>
> 看到这里你可能会说我的妈妈可能只是比较懒散吧。其实并不是，要是懒也只是在我的事上懒，她对自己可用心了。她有正式工作，工资也不低，给自己买化妆品、买衣服一点都不心疼，出门步行 10 分钟的路程都要打车，吃东西都要吃进口的，但很少把钱花在我身上。
>
> 我有时候真的想问问她，妈妈我是你的孩子吗？既然你不想管我，又为什么要把我生下来呢？

像这样的父母就是典型的第四类父母，也是极度自我的父母。他们往往只顾自己贪图享乐，对于孩子连最起码的关怀和照顾都不能给予。从这样的父母身上，孩子不能获得他们所需要的爱和安全感，感受不到他们作为一个子女、一个生命的重要性，他会觉得自己在家庭中是多余的，甚至是没有必要存在于这个世界上的。

尽管每个人都有爱自己的权利，但是一定要有一个限度，如果太爱自己，太以自己为中心，就会忽略孩子的感受和需求，进而对孩子造成伤害。

那么，怎样爱自己才是适度的呢？——照顾好自己的身体，调节好自己的情绪，做自己想做的事情，让自己生活得开心健康。

然而相比于太爱自己的父母，生活中更多的却是不懂得爱自己的父母。

曾有一位妈妈在网上寻求帮助，她问，如果父母爱自己比爱孩子多，算是自私的表现吗？

这位妈妈有一段时间得了胃病，不得已只好让自己的父母帮忙照顾两个孩子，和她不同的是，姥姥带孩子总是先自己吃饭，再去喂他们，还时常告诫她："孩子吃饭这么慢，等他们吃完，饭菜不就凉了，对得起我们的胃吗？你这胃病啊就是这么落下的。"

孩子姥姥的话让这位妈妈产生了困惑：父母爱孩子，不就应该先紧着孩子来吗？

问题下的回答给出了非常好的解释："父母先吃好，才能更好地管孩子，倘若自己因此病倒了，又怎么能好好照顾孩子呢？"

是啊，因为只有会爱自己的人，才能更好地爱别人，父母爱自己多一些，才能更有精力给予孩子更好的爱。

懂得爱自己的父母一定是满足和快乐的，这样的父母内心更加平和，更善于发现生活中的美好，也因此会带给孩子更多积极的情绪，对孩子更有耐心。

人的天性，原本都是优先满足自己再回应别人的，一旦弄反了，就会痛苦。那些选择漠视自我需求的父母，往往会沉浸在没完没了的负面情绪中，压根没有多余的能量去爱自己的孩子。就像著名心理学教授洪兰说的那样："一个连自己都不爱的妈妈，一个身心疲惫的妈妈，一个完全失去自我的妈妈，又能给孩子多少爱呢？"

只有自己心里装满爱，装满正能量，才有可能去敏锐地察觉孩子的真实需求，进而给予孩子应有的教导和保护。

但可悲的是，大多数父母并不懂得这个道理，他们觉得父母就应该围着孩子转，为孩子牺牲，为孩子妥协。

曾在网上看到过一个孩子和父母的争论，话题是围绕"一张照片"展开的：

> "你为什么非要我发照片，我都说了我在学校，没有危险。"
>
> "这不是怕你磕着碰着吗？自己一个人在外面我们不放心。"
>
> "我在学校图书馆能有什么事？我别的同学爸妈也没像你们这样，让我感觉好像在被监视。"
>
> "怎么能说监视呢？我们这是关心你。"
>
> 这段对话的起因，就是女孩正在学校图书馆看书，突然妈妈发来视频电话，由于害怕打扰到其他同学，女孩就挂断了，并发消息解释说自己在图书馆，不方便打视频。然后妈妈要求她发一张照片，随之引起了女孩的强烈抵触。
>
> 女孩为什么反应这么大呢？是因为她的妈妈并不是第一次这么做，平常就总是有事没事地强迫女儿给她发照片、开视频，用女孩的话说："感觉自己像被监视一样。"可她的父母却不这么想，认为这就是爱孩子、关心孩子的表现。

经常有父母会疑惑，为什么我那么爱孩子，孩子却很排斥我呢？为什么孩子感受不到我的爱呢？因为父母之爱往往不讲究方式方法就一味地往孩子身上堆积，常常表现为过度干涉、管控他们的行为和生活。而这样的爱对孩子来说就是一种负担，他们不仅不能感受到愉悦，还会觉得是一种折磨。更何况这样的爱也不是毫无条件的，它们伴随的往往还有父母殷切的期待和要求。

这样过于浓烈的爱和高目标的期待，本质上也是父母另一种过于自我的表现——将自己的意愿强行加在孩子身上，觉得自己所认为的就是正确的、合理的。

曾认识一位朋友，大龄未婚，将近40岁的年纪却在很多事情上都天真得不像话，而这很大程度上都是源于他的母亲。

　　他的妈妈总觉得他不能好好地照顾自己，于是就算他已经成年参加工作，还是寸步不离地照顾他的饮食起居；他爱上火，妈妈就每天早上4点起来给他熬梨汁；他半夜加班，妈妈就熬夜等他回来再去睡觉；她还会为他物色各式各样的好姑娘，以接替自己成为贤妻良母……

　　用他妈妈的话说："我这一辈子都是为了我的儿子活，我没有自我。"

朋友妈妈的这种"没有自我"反映的却恰恰是她过于自我。客观来说，一个被父母时刻关心、精心呵护的孩子一定是特别幸福的，然而对于母亲的关爱，这位朋友却说："我早晚会被搞死。"

　　妈妈榨的果汁，他必须每天喝上两大杯，晚上还要把空瓶带回家，证明他喝完了；

　　他不爱吃鱼，妈妈会说："你看，为了做这条鱼我的手差点被割破。"他只好咽下去；

　　他带回来的女友，因为接受不了"贤妻良母"的言论，被妈妈硬生生气走，从此分了手；

　　他劝妈妈回老家享享福，不要这么辛苦，妈妈却哭着说："我真没用，连儿子都嫌弃我……"

这是爱吗？听起来好像是。为了孩子更轻松，甘愿牺牲自己的一切，为了孩子少受苦，尽力安排好一切，这不是爱是什么？但是，如果这些付出没有建立在孩子的意愿之上，不考虑孩子的自我需求和感受，又何尝不是一种自私的行为？

就像这位朋友的妈妈，她只把自己觉得好的，认为正确的东西一股脑地"安利"给自己的孩子，并强迫他必须这样做，而不管他是不是真的需要，会不会觉得不舒服。

其实现实中很少有真的不管自己孩子的父母，多的是这种一厢情愿地关心孩子的父母，这类父母也就是我们所熟悉的"控制型父母""牺牲型父母"。

他们往往打着为了孩子好的名义去质疑、否定孩子，他们可能会对孩子百般关心，费力照顾，但是却极少关注孩子的内心感受，习惯性地认为自己喜欢的就是孩子喜欢的，自己想要的就是孩子想要的，从来不在意自己的付出会不会给孩子造成困扰，一旦孩子脱离了自己的预期，还会用命令或亲情绑架的方式试图将他们拉回"正轨"。

看上去，他们好像一直是在为孩子牺牲，围着孩子转，毫无自我可言，实际上却正相反，他们的牺牲正是为了满足自己的内心需要，为了达成自己的目标——可能是想通过孩子实现自己曾经未实现的梦想，可能是想通过孩子获得外界的肯定和羡慕，也可能只是享受那种被服从的感觉……总之，他们更多的是为了满足自己的欲望，比起爱孩子，他们真正爱的其实是自己。

而这样的爱带给孩子的多是压力和痛苦，一方面，父母忘乎所以地付出和牺牲，会让孩子产生巨大的心理负担；另一方面，父母自顾自地要求、密不透风地管控，又会让孩子觉得他们对自己的爱是建立在一定条件之上的，而非发自内心的，这也会让孩子产生"多余感"，认为自己是不被需要的，是不值得被爱的，因为父母爱自己不是因为"我就是我"，而是因为"我可以成为他们理想中的自己"。

父母对孩子的爱主要表现在两个方面：一是对身体的、外在的照顾；二是对心灵的、内在的呵护。而两者中，后者更加重要。

有很多家庭物质条件可能不是那么理想，但是父母懂得如何关注孩子的内心，如何滋养孩子的精神世界，如何和他们进行深层次的交流，这样教育出来的孩子或许不会成为大富翁、社会精英，但一定会是一个拥有幸福力的人。因为和这样的父母生活在一起，孩子会觉得世界是美好的，生活是有意义的。

从某个角度来说，孩子与父母之间的相处决定了他和世界的关系。孩子眼中的世界，是由父母一手建造的，孩子对世界的态度和感受，源于父母如何对待自己。

一个生命从呱呱落地开始就与外界产生了直接的互动，而这种互动是以父母为纽带的。当孩子从父母那里感受到被爱、被呵护时，包括身体上的照顾和情感上的理解与支持，他会觉得自己被这个世界所接纳、所爱护；反过来，他也会接纳和深爱这个世界。同理，当孩子从父母那里感受到的是被冷落、被忽略时，他就会觉得自己是被世界所排斥和抛弃的；反过来，他也会对这个世界充满敌意。

所以，为了孩子更好地成长，为了孩子能够跟世界好好相处，父母千万不要太自我。

你不注重形象，孩子会抬不起头来

每当谈到父母形象这个话题，我都会想到《淘气包马小跳》中的一个故事：

> 每天放学的时候，在学校门口等着妈妈来接的小女孩安琪儿总会神色不安地躲在角落里，和那些欢快的同学形成了鲜明对比。
>
> 原来，安琪儿有个非常"可怕"的妈妈——她会因为女儿不够聪明而千方百计地去找各种补课学校；她会因为想要更好地了解女儿而去偷看孩子日记；她会为每天如何在朋友面前炫娃而绞尽脑汁。她觉得她是天底下最爱孩子的妈妈，也正是因为如此，她从来没有时间打扮自己。
>
> 于是她总是穿着不适合自己的花衣服，穿着带有厚厚底子的黑鞋，顶着一头干枯又毛躁的卷发，看起来既笨拙又没有精神气儿……
>
> 而安琪儿那样做，正是为了在同学面前躲避自己的妈妈，这是她一天最紧张的时刻，她要在角落里盯着妈妈的身影，等到同学们都走远了她才会走出来靠近妈妈，每次和妈妈走在一起，小安琪儿也都会把头垂得低低的。
>
> 妈妈的不顾形象，让她生出一股怯生生的自卑来。

可能有的人会说这只是杜撰出来的故事，现实中怎么会有这样的事情呢？如果真有，那孩子就是一个白眼狼，爱慕虚荣。

其实，像安琪儿这样的孩子现实中不仅有，而且有很多，并且也不是因为他们虚荣心强，不懂得感恩。

以前的一个同事，送儿子上学的时候，也遇到过类似的情况。

有一次她送孩子去上幼儿园，刚到大门口，她就看见好几个妈妈穿得非常得体，有的优雅大方，有的职场休闲，环顾一周低头一看，只有自己穿了个睡衣似的大 T 恤和运动裤，上面甚至还有一些污渍，心里瞬间觉得有些难堪。

到了孩子班上，其他家长也都是"打扮了一番"的，由于不好意思，她只好低下了头，这一低头她发现儿子把头埋得更低，并且耳朵还红红的。她瞬间明白了，自己不注重形象，不只会让自己自卑，也会让孩子受到影响。

好在，孩子的老师似乎是察觉到了这对母子的尴尬，主动上前搭话，聊天的过程中，同事就提出了自己的看法，得到了老师的肯定，老师告诉她："父母打扮和不打扮自己，注不注重形象，对孩子的影响是很大的。"

后来她再出门时也会试着打扮一下自己，其实也并没有多么精致，顶多就是比之前多花了点心思挑件衣服，整理整理发型，但是从这之后，儿子跟她出去就不再低着头了。

同事说，和很多人一样，刚开始她也以为是孩子虚荣心在作祟，但很快发现并不是这么回事。"他并没有要求我穿得多么雍容华贵，打扮得多么华丽富贵，他只是想让我多花点时间整理一下自己，穿得得体一点，别让他在大庭广众之下成为那个不好的焦点，不要让他在同学跟前没面子。"

孩子再小也有羞耻心和自尊心，并且在他看来，他和父母是一体的，所以当父母以邋遢的形象出现时，周围异样的眼光、难听的言辞都会勾起他的羞耻心，让他感到自卑。

而事实上，除了这一点，父母不注重形象对孩子带来的消极影响还有很多。

在"有一对不会打扮的父母对我有何影响"的问题下，一个孩子是这么回答的：

和父母关系疏远：因为父母邋遢而感到抬不起头，羞于让人知道这是我爸妈，进而持久地在内心深处嫌恶、厌烦父母。

自卑，性格阴暗，不善于人际交往：父母不懂审美，也不会给我打扮，小时候因为打扮难看而被排挤过，由此产生了深深的自卑，导致性格非常阴郁，总觉得别人会嫌自己丑，害怕人际交往。

刻意压抑爱美需求，缺乏审美能力：时时刻刻都想着赚钱后买衣服、买化妆品把自己打扮得漂漂亮亮的，但是又觉得自己品味不行而不敢表现出来，渐渐地就发展为不停地买好看的东西但又不好意思穿戴出去。

中国自古以来就有"儿不嫌母丑"的说法，认为作为子女就应该包容母亲的外在形象，否则就是不孝，就是虚荣。这种说法以现在的目光来看，是非常片面的。

"丑"可以分为两种：一种是样貌上的，一种是装扮上的。而我们大多数人其实都是普通人，很少有特别惊人的长相，所以这个"丑"更多的还是指装扮上的。

而装扮的美丑从深一点的层次来看，代表的正是个人对生活的追求、对人生的态度，因此父母懂不懂得打扮自己，注不注重形象对孩子的性格养成和未来发展都有深刻影响。

懂得打扮自己的父母，能够给予孩子充分的自信，让他以更积极的态度面对人生，认真对待生活。

一位作家妈妈曾在自己的随笔中记录了这么一件事情：

> 母亲节那天，女儿送给我一幅画，上面是一位公主，身着华服，头戴王冠，美丽又优雅。
>
> "这是我吗？怎么一点都不像呢？"我问女儿。
>
> "当然了，在我的心中，妈妈就和这个公主一样美丽。"女儿眨巴着清澈的眼睛，真挚地说道。
>
> 后来有一天，学校通知参加家长会，临上学前，女儿像小大人一样嘱咐我："妈妈，你一定要穿着小裙子，戴上丝巾，打扮得漂漂亮亮的。"
>
> 那天，我收获了不少小朋友的称赞，女儿别提多高兴了，脸上满是藏不住的骄傲和自信。

作为孩子最亲近的人和第一任教师，父母的穿着打扮、言行举止会带给孩子最直观的来自外界的反馈，从而影响着孩子与世界的相处。父母对美的追求，展现出来的正是对生活的热爱和自我的认可，这会在年幼的孩子心上留下深刻的印记，并慢慢渗透到他的骨子里，让他在将来也会以同样的态度面对生活和自我，并将此传递给身边的人，给自己塑造一个积极健康的人际圈子。

心理学博士张怡筠说过一段话："你越时髦，孩子越自信；你身材越好，孩子越骄傲；你越有进取心，孩子越勤奋；你越坚持做自己，孩子越独立。"

事实上，父母对孩子最好的教育，并不是360度无微不至的照顾和无时无刻的教诲，而是要善用榜样的力量，你想让孩子成为什么样，首先自己就得是什么样。

父母注重形象，也会在无形中塑造孩子的审美能力，更有可能让他具备出众的仪态和气质，自然而然地流露出一种外在的优势。

从小到大，我最羡慕的人就是我的表妹，不单单是因为她长得漂亮有气质，更因为她有一个会打扮的妈妈。

表妹的妈妈也就是我的姨妈，今年已经 50 岁，但是皮肤细腻，穿着优雅，看起来也就 30 岁出头的样子，跟同龄人站在一起，尤其让人忍不住想要称赞。

别人看姨妈往往会觉得她是养尊处优的阔太太，什么都不用干，天天琢磨怎么打扮自己，其实姨妈过得就是和大多数人一样的生活，但她活出了真正的体面。

表妹说，她小时候最喜欢的事情，就是姨妈到学校里看她。因为同学们都会夸姨妈年轻漂亮，别的家长也会投来羡慕的眼光，夸姨妈会打扮，她非常享受这种感觉。

姨妈不仅打扮自己，对孩子更是用心，表妹常常被打扮得像一个小公主一样。

在这样的妈妈的熏陶和引导下，表妹也越来越会打扮自己。因仪表出众，从高中时就开始担任各种晚会的节目主持人。大学毕业后，因气质超凡、言行得体，十分受领导喜欢和器重，工作也很顺利。

表妹给我最深刻的印象就是，她总是神采奕奕的，脸上挂着明媚的笑容。我想，大概只有被妈妈用心养大的孩子，精气神才会这样好。

生活中脸蛋漂亮的人有很多，但是会打扮、气质好、性格也好的人却很少，这很大程度上就是因为大多数人没有受到美的熏陶。

一个注重外表的人，必定是一个乐观的人，这样的人总会带给人们希望和快乐，在他们的身上，美好的东西更容易彰显。就像例子中的姨妈，她不仅会将自己打扮得体体面面，也会将积极的心态传递给家人，以一种美好且坚韧的力量，激励和温暖着整个家庭。在这样的家庭中生活的孩子，长大后很大程度上也会像父母一样，独立、优雅、自信、阳光……

父母的体面，对孩子的品格养成也有重要作用，会更可能让他具备坚韧不拔的品格和不服输的精神，不会轻易被困难打败。

电影《叫我第一名》中，就有一位总是保持着体面的老妈。

她是一个离了婚的女人，还带着两个患病的孩子，她生活拮据，工作不顺，还要时刻承受着来自学校和社会的种种歧视。

就是在这样的情况下，她还是把自己打扮得体体面面，每一次出现都是闪亮登场：一丝不苟的妆容、亮晶晶的指甲油、精致的卷发，还有用心搭配的饰品……

不管生活有多么艰辛，她始终不忘对它保持着热爱之心。

也正是在这样的妈妈的影响下，患有妥瑞氏症的大儿子科恩，没有轻易放弃自己，而是勇敢面对他人的嘲笑，坚持自己的梦想，最终获得了成功。

那个无论在什么情况下都金光闪闪、干劲十足的老妈，给了科恩无限的勇气和信心，让他对未来充满希望。

就像科恩和妈妈一样，父母的努力和坚持、体面和精致、干练和勇敢会让孩子感受到巨大的力量，从而让他明白，只要心存希望，心存热爱，什么事情都能获得成功。

父母在任何情况下都能保持体面，无疑是在告诉孩子，生活还有希望，未来是值得期待的，即使我们现在遭受着磨难，但也只是暂时的。这就会让孩学会积极面对困难，不轻易妥协和认输，因为他知道不管生活如何刁难自己，背后都有父母这样一股温柔而强大的力量在支撑着自己，保护着自己一点一点走向幸福。

　　加拿大商务形象设计和人格心理咨询师英格丽·张在《你的形象价值百万》（*Your Image is Worthy of Million Dollars*）一书中所写，形象是一个涵盖内容非常广泛的名词，穿着打扮仅仅是很小的一部分，它还代表着个人的言行举止、修养、生活方式、知识层次，甚至家庭出身、社会等级、朋友圈层次等。

　　对于孩子来讲，拥有一对注重形象、懂得美的父母，就相当于有了一笔无尽的财富，从中他能够学会欣赏美、创造美，获得拼搏的勇气和无限的希望。

　　可以说父母的好形象，会让孩子昂首挺胸、阔步向前地去寻找、追逐自己的幸福人生。

请记住，父母的言传身教至关重要

前些天去朋友家做客，她 8 岁的儿子着实让我大吃一惊。

我刚一进门，小男孩就过来问我："阿姨，我给你出个脑筋急转弯考考你，好不好？"第一次到别人家里做客，小主人公又这么热情，我实在不好推脱，忙答应道："好啊，你出吧。"

"猪为什么会撞到墙上？"男孩一副要看热闹的样子。

"哦，这个阿姨还真是不知道呢。"我说。

"哈哈哈，因为猪和你一样，不会脑筋急转弯。阿姨是猪！阿姨是猪！……"他"奸计"得逞，毫不掩饰地对我嘲笑。

在我看来，虽然他年龄小，但这种做法已经失了分寸。正当我不知道该如何处理时，朋友过来了，她其实目睹了整个过程，我期盼她能认真严肃地和孩子说一说这个问题。

然而她第一句话却是："你怎么能这么逗阿姨呢？"言语里并没有教育的意思，反而透露着一点赞许。

于是，可想而知，接下来她的孩子更过分了，一会拽拽我的头发，一会又来抢我的手机，总之特别没礼貌。但我毕竟第一次来，也不好说些什么，最后我实在待不下去了，就找了个借口匆匆地回去了，原本说好的午饭也没有吃。

对于第一次见面的陌生人，乱开玩笑，行为逾矩，这就是不尊重人、没有分寸感的表现，会给人一种吊儿郎当、不正经的感觉，而朋友的孩子之所以会成为这样，与朋友的教育脱不掉干系。

孩子在调侃别人，跟别人开玩笑时，刚开始可能只是觉得好玩，这时候如果父母或是其他长辈在教育他时不够严肃认真，表露出些许积极的情绪，他就会自动将他的这种行为归为积极的，进而变本加厉。

就像朋友一样，她说"你怎么能这么逗阿姨呢？"这个"逗"字就会让孩子觉得他的行为没什么过分的，是为了活跃气氛，和阿姨拉近距离。这就相当于默许并且赞赏了他的这种行为，因此会促使他在以后更加频繁地做出这样的事情。

而孩子做出这种行为的根源，可能是从同龄人身上学来的，更可能是从父母身上学来的。

有的家长本身就是十分随意的人，在和别人相处时，尤其是熟悉的人，往往喜欢调侃、开玩笑、聊八卦，出于娱乐，这些本无可厚非，但若是当着孩子的面，又没有把握好分寸，就很容易造成负面影响。

江江的妈妈和朋友、邻居聊天时，经常会互相调侃，有时候还会在背后议论别人，甚至还会开荤腔，还时常不避讳孩子。

江江听得多了，耳濡目染，很多都学了去。

有一次，江江和妈妈在路上碰见一个邻居李阿姨和她的孩子，寒暄的过程中，江江突然对李阿姨的孩子说："你看你长得这么胖，我妈说你壮得跟只狗熊似的，我倒觉得你像头白白胖胖的小猪仔，哈哈。"

这话一出，江江妈妈瞬间愣在了原地，气氛别提多尴尬了，最后还是李阿姨不计前嫌，主动岔开了话题。

回到家，江江妈妈就严肃地批评了江江的行为，可江江却反问："为什么你可以说，我就不可以呢？"江江妈妈一时间也不知作何回答，而这就令江江更加肆无忌惮起来。

平常和同学、朋友聊天时，江江常常没个正行，不是给他们起外号，就是开些过分的玩笑；和平辈的哥哥姐姐以及长辈聊天时，江江也油嘴滑舌，别人说一句，他能顶十句，有时候还胡搅蛮缠。

为此，爸爸也说过江江很多次，但是江江依旧我行我素，还十分得意："我这叫口才，你们懂什么啊，再说了，好多词我还是从你们口中学的呢！"

现实中能说会道的孩子通常要比老实巴交的孩子更受欢迎，更讨人喜欢，因为他们机灵聪明，善于交际，也因此被认为将来在社会上更能"吃得开"。

事实也的确如此，能说会道的孩子一般反应快，思维活跃，有眼力见，但是家长要注意区分能说会道和嘴贫的区别。

像例子中江江这样就是典型的嘴贫，这并不是一件好事。如果孩子伶牙俐齿，张口就来，且句句在理，这说明思维缜密，思路清晰，有较强的语言组织能力和表达能力，但若孩子胡搅蛮缠，张口闭口都是浑话，那就意味着他只是爱耍小聪明，喜欢投机取巧，刻意吸引别人的注意。

这种嘴贫的孩子有很多，并且造成他们嘴贫的原因也都和江江一样，是受到父母的影响。

孩子年龄小的时候，模仿能力是很强的，再加上他们认知有限，不能很好地辨别是非对错，就很容易模仿身边人的各种言谈举止。有时候大人随便一句话，随便一个动作，可能自己都没放在心上，孩子却深深地记在了心里。

教育专家指出，父母身上不良的品行，诸如懒散、粗鲁、急躁、狭隘、势力、缺乏善心等，往往更容易被继承，因为不好的品行有传染性。而优良品质则需要加倍的心力才能培植，这对父母的要求也更高。

也就是说，孩子很容易就会将父母身上不好的地方学以致用，如果父母总是没个正行、乱开玩笑，孩子也会变得很滑头。

有的家长在外面可能谦逊有礼、举止得体，但一回到家就会原形毕露，特别随便，这也会让孩子变得不稳重，不懂得尊重人。

> 别看兰兰的爸爸在外面总是一本正经、彬彬有礼的样子，一回到家里，他就会把鞋子一脱，然后四仰八叉地躺在沙发上，开始跟老婆吐槽自己的上司，吐槽自己的同事和朋友。
>
> "就那个'母老虎'可真绝了，天天地压榨我们。"兰兰爸爸的上司是个女强人，做起事情来风风火火的，绝不允许拖延。
>
> "还有那个同事小黄，真是爱表现自己，拍领导马屁，不愧叫小黄，整个一哈巴狗！"兰兰爸爸的同事小黄很会说话，很会讨领导开心。
>
> 有的时候，他还会说兰兰的妈妈："怎么那么磨磨蹭蹭的，像只蛆一样。""你怎么这个都不会，这么笨。"
>
> 这些形容词，不知道在什么时候全被兰兰学了去，并且用在了自己的人际交往上。

家的确是让人放松的地方，但是在孩子面前，还是要有所顾忌。父母在孩子面前随意评价别人或者互相之间不尊重，都会让孩子在无形中学会不尊重别人，也会让孩子感觉父母很随便，从而让自己在孩子面前失去了威严。

以上这些行为的本质，其实都是不懂得为人处世的分寸。

与人相处，分寸感很重要。生活中我们免不了要跟各种各样的人打交道，家人、朋友、老师、客户、同事……不同的关系，你所要展现出来的状态是不同的，一旦失了分寸就会在无意间拉远彼此的距离，给自己带来不好的影响，也带给他人伤害。

而作为父母，有分寸感就更加重要了，这不仅关系着自己的人际交往，更关系着孩子将来为人处世的原则和社会交往的顺畅程度。

所谓分寸感就是知道对什么人该说什么样的话，知道在什么场合该做出什么样的举动，在与人相处时能把握好距离，能分清事情的轻重主次并依此做出合理的反应。

首先，最应该注意的就是语言上的分寸感，开玩笑要适度，用语要恰当。

邻居、朋友虽然没有和孩子生活在一起，但也会常常和孩子接触，父母和他们之间的相处也会被孩子看到，所以父母在和邻居、朋友聊天时，尤其是孩子在场的情况下，不要开过分的玩笑，不要肆无忌惮地调侃，不要随意评判他人。

父母之间的相处更是如此，父母不要觉得关上了门就是自己的小家，说什么、做什么都无所谓，要知道家庭成员之间的分寸感也很重要。"亲情"和"熟悉"不是随意的借口，很多时候我们受到的最大的伤害正是来源于身边最亲近的人，而这很大程度上就是因为分寸感的缺失。

其次，是行为举止上的分寸感，不要总是动手动脚，尤其要与异性保持距离。

父母和朋友之间聊天时，当着孩子的面最好不要互相打闹，与异性朋友就算再熟悉也要避免亲密举动，保持正常社交距离。与此同时，父母也要适当教育孩子如何处理与异性之间的关系，以及和异性交往时如何把握分寸。

最后，是处理事情上的分寸感。孩子天性爱玩，又缺少能力和经验，淘气、犯错都是正常的现象，但是有些不当行为父母必须重视起来，不能纵容他一犯再犯。

像对别人动手动脚、使用侮辱性的语言评价他人、乱翻别人东西、顺手牵羊、爱说大话等，这些行为如果出现在孩子身上，父母一定要严肃地进行教育。不要做出教育的姿态，却在无形中纵容孩子。

比如有的父母对于孩子的一些行为最初出现时觉得是小事，从心里面没重视起来，但是碍于面子只好说两句做做样子，就像上文中的"你怎么能这样逗阿姨呢？"类似的还有"我家这小鬼头……""这孩子，怎么这么能说……"之类的语句，这种看似责怪却沾沾自喜的教育，就会让孩子认为你是在肯定他的行为，从而以此为荣，这样之后，即使大人再严厉教育，他们也会不以为意。

除了用词用语，教育时的语气和态度也很重要，有的家长虽然是在说狠话，但是脸上却是笑嘻嘻的，这也会让孩子捕捉到其中的赞赏意味，进而强化自己的行为。

心理学上有一个"阳性强化法"，指当儿童出现某一良好行为时，即刻给予他所喜欢的强化物，以此来提高这一行为发生率的一种方法。而上述家长的做法正是这种方法的滥用，将激励措施用在了错误的目的上，由此加强了孩子的不当行为。

作为孩子的第一任老师，父母的言传身教至关重要。父母爱开玩笑、不尊重人、做事缺少分寸感，孩子很可能有样学样，甚至将这些不好的行为扩大化、平常化，从而变得很滑头，很随便，给人吊儿郎当不正经的感觉。如果孩子长期生活在这样的氛围中，随着年龄的增长，他可能就会越来越爱耍小聪明，甚至养成"流氓气质"，变得流里流气，不稳重，行为也会缺少底线。

每一个不尊重人、缺乏分寸感的孩子，背后都有一对缺少底线的父母。但是父母没有底线，不代表社会没有。想要让孩子未来的路更加顺畅，能够在社会上立足，父母就一定要懂得为人处世的分寸。